LIVROS QUE
CONSTROEM

CIP - Brasil. Catalogação-na-Fonte
Câmara Brasileira do Livro, SP

R29m
5.ed.

Reinfeld, Fred, 1910-1964.
Manual completo de aberturas de xadrez / Fred
Reinfeld; tradução de A. Tourinho. — 5. ed. —
São Paulo: IBRASA, 1979.

1. Xadrez — Aberturas I. Título.

78-1555

CDD-794.122

Índices para catalogo sistemático:
1. Aberturas de xadrez 794.122
2. Xadrez: Aberturas 794.122

Manual Completo de
ABERTURAS
DE XADREZ

Biblioteca

"ESPORTES E JOGOS"

–5–

Volumes publicados:

1. *Partidas Selecionadas de Xadrez* — V. V. Smyslov
2. *Manual Completo de Jogos de Cartas* — E. Culbertson
3. *Aventura do Xadrez* — Edward Lasker
4. *Divertimentos Matemáticos* — Martin Gardner
5. *Ataque e Contra-ataque no Xadrez* — Fred Reinfeld

Manual Completo de
ABERTURAS
DE XADREZ

FRED REINFELD

Tradução de

A. TOURINHO

16ª EDIÇÃO

IBRASA
INSTITUIÇÃO BRASILEIRA DE DIFUSÃO CULTURAL LTDA.
SÃO PAULO

Direitos desta
edição reservados à

IBRASA
Instituição Brasileira de Difusão Cultural Ltda.

Rua 13 de Maio, 365/367
Fone/Fax: (0xx11) 3107-4100/3107-3513
CEP: 01327-000 – São Paulo – SP
ibrasa@ibrasa.com.br
WWW.IBRASA.COM.BR

IMPRESSO NO BRASIL — PRINTED IN BRAZIL

Impresso em 2003

Título do original norte-americano:

Complete Book of Chess Openings

Copyright 1956, 1957 by STERLING PUBLISHING CO., INC.

Êste livro combina o *The Seventh Book of Chess* e
The Eighth Book of Chess de
Fred Reinfeld

ÍNDICE

Introdução 9
Anotação de Xadrez 13
Partida do Centro 14
Gambito Danês 16
Abertura do Bispo 18
Gambito Vienense 20
Gambito do rei 22
Gambito do Rei Recusado 28
Contragambito Falkbeer 30
Contragambito Greco 32
Defesa Philidor 34
Defesa Petroff 36
Gambito Escocês 38
Abertura Ponziani 40
Defesa Húngara 42
Giuoco Piano 44
Gambito Evans 50
Defesa dos Dois Cavalos 52
Partida dos Quatro Cavalos (Inclusive a Partida dos Três
    Cavalos) 56
Ruy Lopez 60
Defesa Francesa 70
Defesa Siciliana 79
Defesa Caro-Kann 86
Defesa Alekine 90
Contragambito do Centro 93
Defesa Nimzovich 95
Defesa Iugoslava 97
As Aberturas do Peão-Dama 99
Gambito da Dama 101
Gambito da Dama Recusado 103
Defesa Eslava 119
Contragambito Albin 128

Gambito da Dama Aceito 129
Miscelânea de Aberturas do Duplo Avanço do Peão-Dama 132
Defesa Nimzoíndia 136
Defesa Índia da Dama 148
Defesa Índia do Rei 151
Defesa Gruenfeld 158
Contragambito Blumenfeld 162
Defesa Budapeste 163
Contragambito Benoni 166
Defesa Holandesa 167
Miscelânea de Aberturas Cerradas 171
Abertura Reti 172
Sistema Catalão 175
Abertura Inglesa 177
Abertura Bird 180

INTRODUÇÃO

É ponto pacífico entre enxadristas, constituírem as aberturas a base indispensável que permite o encaminhamento seguro do curso posterior das partidas.

Uma abertura correta deve proporcionar uma partida promissora, ao passo que uma abertura incorreta poderá fazer ruir planos elaborados desde o início. Conseqüentemente, torna-se mister conhecer as melhores linhas de jogo na abertura, porém a concretização dessa necessidade não é coisa simples. Os manuais que tratam das aberturas contêm milhares de alternativas que se subdividem em milhares de seguimentos e observações.

Muitos estudiosos desanimam e abandonam o estudo, julgando-se incapazes de dominar as aberturas.

O presente manual se propõe seguir um método diferente, que o torna mais fácil, partindo do ponto de vista de que é de orientação que o jogador médio mais necessita. Este livro contém um sumário conciso do que se pretende em cada abertura e seus objetivos perfeitamente atualizados. Assim o leitor encontrará as linhas mais definitivas — aquelas que melhor revelam o espírito da variante adotada.

Este método prático reúne duas vantagens: conduz ao conhecimento é à familiaridade das aberturas básicas e ao mesmo tempo dá ao leitor uma série de indicações para que ele possa concretizar seu desejo de realizar experiências. Também constitui o livro um repertório útil de pronta referência, para quando o leitor necessitar de algum esclarecimento sobre determinada abertura ou quando desejar refrescar ou avivar seus conhecimentos especializados.

As páginas 14-69 tratam das aberturas do Avanço Duplo do Peão-Rei, isto é, aberturas em que as brancas iniciam o jogo com 1.P4R e as negras replicam igualmente 1...P4R.

As páginas 70-97 contêm as aberturas do Avanço Simples do Peão-Rei, isto é, aquelas em que a 1.P4R, as negras respondem com um lance assimétrico qualquer.

O estudo das linhas do Peão-Dama constitui um dos recursos mais valiosos para o desenvolvimento da habilidade pessoal. Apesar de serem muito populares entre os mestres há mais de sessenta anos, continuam sendo temidas pelos jogadores comuns que as enfrentam com tradicional horror.

Por que essa atitude? As aberturas do Peão-Dama — são aquelas em que a partida se inicia com 1.P4D — são aberturas "cerradas". Isto significa que o contato tático entre as forças adversárias se desenvolve lentamente. Esta protelação dá lugar a que se processem inúmeras manobras e que a luta corpo-a-corpo seja retardada (devemos destacar algumas exceções; no Contragambito Albin, por exemplo, o ataque e o contra-ataque têm lugar desde os primeiros lances. Também nas Defesas Nimzoíndia e Gruenfeld a vitória normalmente pertence ao jogador mais agressivo).

É possível que estas linhas de jogo não sejam do agrado do jogador médio porque exigem previsão e planejamento a longo prazo. Nelas se estabelece o clima ideal para o jogador posicional.

O presente manual foi escrito tendo como escopo liberar o jogador médio desse sentimento de receio. As idéias que norteiam as melhores variantes em cada caso e as melhores tendências para o meio-jogo são devidamente estudadas. As mais remotas possibilidades de cada variante são cuidadosamente explanadas. Assim o leitor saberá o que procurar; o que se aconselha como objetivo para cada parceiro; os temas-guias do meio-jogo não mais constituirão mistério. Este assunto é importante porque, como muitos jogadores temem as aberturas do Peão-Dama, aquele que as conhecer e manejar com tirocínio levará sem dúvida vantagem indiscutível.

Jogadores de qualquer força se sentem encorajados quando transpõem em boas condições a fase da abertura; e ao contrário, perturbam-se quando a concluem com jogo inferior.

Na última parte deste manual o leitor encontrará diversas aberturas que escapam ao título "Aberturas do Peão-Dama" mas que se tornam indispensáveis para completar o estudo sobre todas as aberturas.

ANOTAÇÃO DE XADREZ

Como está indicado no diagrama abaixo, todas as casas do tabuleiro de xadrez são numeradas de ambos os lados do quadro; por exemplo: 1TR das brancas corresponde a 8TR das negras. As casas são designadas também pela inicial da peça que ocupa a coluna.

Relação das principais abreviaturas usadas no jogo de xadrez.

NEGRAS

BRANCAS

Rei — R	Lance muito mau — ??
Dama — D	Xeque — +
Torre — T	Xeque descoberto — ÷ desc.
Cavalo — C	Xeque duplo — ÷ dpl
Bispo — B	En passant — e.p.
Peão — P	Bom lance — !
Captura — X	Muito bom lance — !!
Lance mau — ?	ótimo lance — !!!

PARTIDA DO CENTRO

O prematuro desenvolvimento da dama não recomenda esta abertura para as brancas. As negras podem apoderar-se da iniciativa no terceiro lance, contra-atacando a dama branca. *Não é recomendada para as brancas.*

BRANCAS	NEGRAS	BRANCAS	NEGRAS
1.P4R	P4R	2.P4D	PxP
	3.DxP	C3BD	

(Posição após 3....C3BD)
O ganho de tempo capacita as negras a adiantarem-se no desenvolvimento.

4.D3R   C3B

Um interessante exemplo das dificuldades das brancas, nasce.de: 5.B4B, C4R; 6.B3C, B5C+; 7.P3BD?, B4B!; 8.D3C??, BxP+!! e as negras ganham a dama com um duplo de cavalo.

5.C3BD   B5C

Outro caminho seria 5....B2R; 6.B2D, P4D; 7.PxP, CxP; 8.CxC, DxC e a partida está mais livre para as negras.

6.B2D   0-0   7.0-0-0   TIR

14

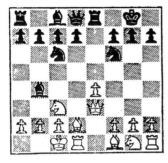

2
(Posição após 7....T1R)
O melhor para brancas será 8.D3C ou 8.B4B.

Se as brancas efetuam agora 8.B4B, as negras podem ganhar um peão por meio de 8....BxC; 9.BxB, CxP (não 9....TxP??; 10.BxC! ganhando).

Mas, então, as brancas ficariam com ataque promissor após 10.D4B, C3B; 11.C3B, P3D; 12.C5C, B3R; 13.B3D.

Outrossim, as negras respondem 8.B4B com 8....C4TD!; 9.B3D, P4D! com bela iniciativa. Isto explica o sacrifício de peão das brancas no próximo lance:

| 8.D3C!? | CxP | 10.B4BR | D3B! |
| 9.CxC | TxC | 11.C3T | .... |

Se 11.BxP?, P3D!; 12.BxP, D3T+!; 13.R1C, BxB; 14.DxB, DxD e ganham.

| 11.... | P3D | 12.B3D | T1R |

As negras têm um peão a mais e jogo seguro. (Tinham ainda uma linha mais complicada 12....C5D!; 13.B3R, T5C; 14.BxC, TxB; 15.P3BD, BxP!; 16.PxB, T5CR; 17.D3R, DxP+; 18.B2B, DxD+; 19.PxD, TxP com final ganho, graças aos 4 peões pela peça).

15

GAMBITO DANÊS

Este pronunciado esforço para desencadear o ataque ao preço de dois peões pode permitir às brancas uma ação ofensiva fortíssima, se as negras não se defenderem corretamente. Contudo, como veremos, as negras dispõem de muitos seguimentos satisfatórios. Conseqüentemente, o Danês deve ser reservado apenas contra adversários de menor força.

BRANCAS	NEGRAS	BRANCAS	NEGRAS
1. P4R	P4R	2. P4D	PxP
	3. P3BD	....	

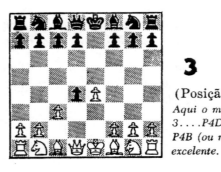

3
(Posição após 3.P3BD)
Aqui o mais simples para as negras será 3....P4D!; 4.PRxP, C3BR; 5.P4BD, P4B (ou mesmo 5....P3B!) com partida excelente.

3.... PxP 4. B4BD ....

Se as brancas decidirem sacrificar apenas um peão com 4.CxP, as negras estarão em segurança após 4....P3D; 5.B4BD, C3BD.

As negras não precisam temer 6.D3C, devido a 6....C4R! Algo mais incomodativo para elas seria 6.C3B, B3R!; 7.BxB, PxB; 8.D3C, D1B; 9.C5CR, C1D; 10.P4B, B2R;

11.0-0, BxC; 12.PxB, C2R; 13.B3R, C2B; 14.T2B, 0-0; 15.TD1BR, C3C! As negras ainda se encontram em situação um tanto desconfortável, porém o peão a mais fala a seu favor.

4.... PxP   5.BxPC ....

Posição clássica do Gambito Danês.

Mesmo simplificando e devolvendo o peão as negras não conseguem uma posição segura: 5....P4D; 6.BxPD, C3BR; 7.BxP+!, RxB; 8.DxD, B5C+; 9.D2D, BxD+; 10.CxB, P4B; 11.CR3B, B3R; 12.C5C+, R2R; 13.CxB, RxC; 14.P4B. As brancas rocarão para o lado da dama e avançarão sua formidável massa de peões do flanco-rei. A situação das negras é difícil.

5.... P3BD!   7.C3B C2D
6.C3BD P3D   8.0-0 C4B

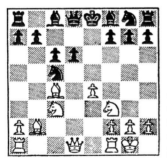

4

(Posição após 8....C4B)
A posição das negras, embora um pouco amarrada, é inexpugnável. Após ....B3R elas podem melhorar seu desenvolvimento e seus dois peões extras justificam suas pretensões de ganho.

ABERTURA DO BISPO

Esta abertura é considerada inferior porque as negras se apoderam da iniciativa jogando 2....C3BR, contra-atacando. As negras devem estar atentas para *certas transposições* que conduzem a outras linhas de jogo, nem sempre favoráveis.

BRANCAS	NEGRAS	BRANCAS	NEGRAS
1.P4R	P4R	2.B4B	C3BR

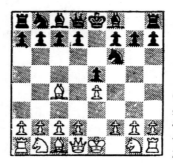

5

(Posição após 2....C3BR)

O despretensioso segundo lance das brancas permite ao adversário passar à ofensiva. As brancas podem experimentar 3.C3BD, entrando no Gambito Vienense, pág. 14.

3.P3D   P3B

Continuando em sua atitude agressiva e preparando ....P4D. (Se 3....B4B; 4.P4B transpõem para o Gambito do Rei Recusado, pág. 22.

As brancas deviam manter a iniciativa com 4.P4B, mas a isso seguir-se-ia 4.... PxP; 5.BxP, P4D!; 6.PxP, CxP com belo jogo para as negras.

Se 4.D2R as negras conseguem um esplêndido ataque a custo de um peão: 4....B2R; 5.P4B, P4D!; 6.PRxP (6.PBxP, CxP! também é bom para as negras), PRxP;

18

7.PxP, CxP; 8.BxP, 0-0; 9.C3BD, C5D; 10.D2D e agora as negras têm 10....B5CD com excelente jogo — ou 10.... P3TD; 11.CR2R, P4CD; 12.CxC, DxC; 13.B3CD, B5CD; 14.0-0-0, P4TD! com ataque ganhador.

    4.C3BR P4D!

As negras ficam com posição insuportável após 4....P3D?

5.PxP PxP   6.B3C .....

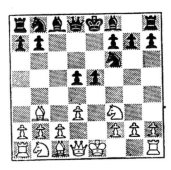

6

(Posição após 6.B3C)

A sutileza do jogo das negras provém do fato de as brancas após 6....B5C+; não poderem interpor 7.C3B? devido a 7....P5D.

6....	B5C+!	9.P4D	P5R
7.P3B	B3D	10.C5R	C3B
8.B5C	B3R	11.CxC	....

Se 11.P4BR, P3TR!; 12.B4TR, P4CR!; 13.PxP, BxC; 14.PxB, C5CR! e as negras estão com poderoso jogo.

11.... PxC   12.P3B ....

Após 12.0-0, as negras escapam da cravação com 12....D2B!

12.... P3TR   13.B4TR ....

Não 13.BxC, DxB; 14.PxP?, D5T+ etc.

13.... P4C   14.B2BR PxP

       15.DxP C5R

A posição das negras é mais agressiva, e também mais promissora.

19

GAMBITO VIENENSE

Como na Partida do Bispo, as brancas deixam uma oportunidade ao adversário para contra-atacar com 2....C3BR. É muito viva a luta pelo controle do centro. Esta abertura sempre leva a um jogo interessante devido ao agudo choque de idéias.

(a)   Variante 3.P4B

BRANCAS	NEGRAS	BRANCAS	NEGRAS
1.P4R	P4R	3.P4B	P4D
2.C3BD	C3BR	4.PBxP	CxP

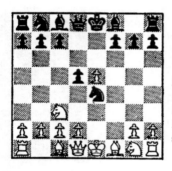

7

(Posição após 4....CxP)

Se agora 5.D3B, C3BD; 6.B5C (não 6.CxC?, C5D!; 7.D3D, PxC, 8.DxP, B4BR!), CxC; 7.PCxC, D5T +; 8.P3C, D5R + com final favorável para as negras.

5.C3B	B2R	7.B3D	P4BR!
6.P4D	0-0	8.PxP e. p.	BxP!

Se agora 9.0-0, C3B e as negras mantêm igualdade material. As brancas não podem capturar duas vezes em sua casa 4R, sem deixarem uma peça. *A posição é de igualdade.*

(b)   Variante 3.B4B

BRANCAS	NEGRAS	BRANCAS	NEGRAS
1.P4R	P4R	2.C3BD	C3BR
	3.B4B	CxP!?	

20

Leva a uma partida viva e escorregadia. Uma alternativa calma e satisfatória é 3....C3B; 4.P3D, C4TD; 5.B3C, CxB; 6.PTxC, B5C etc...

    4.D5T   ....

Com ameaças de mate. O pacífico 4.CxC é bom para as negras (4....P4D! etc.)

4....   C3D   5.B3C   C3B

Também bom, mas agora as brancas novamente ameaçam mate, forçando as negras a perderem a qualidade.

6.C5C!?	P3CR	8.D5D	D2R
7.D3B	P4B	9.CxP+	R1D
	10.CxT	P3C	

8

(Posição após 10....P3C)

Apesar de todas as analises já realizadas, esta posição continua ainda muito pouco esclarecida.

Após 11.P3D, B2CD; 12.P4TR, P5B! (impede B5C) as negras têm poderoso ataque pela sua inferioridade material. Assim, se 13.D3B, C5D; 14.D3T, B3TR; 15.B2D, P5R *com jogo ganho para as negras*.

Por outro lado, após 11.C2R!, B2CD; 12.D3B, C5D; 13.CxC!, BxD; 14.CxB, *as brancas ganham devido a sua vantagem material*.

Uma coisa é certa: os repetidos lances da dama branca acarretam perigoso retardo em seu desenvolvimento.

GAMBITO DO REI

Linha clássica de abertura. As brancas oferecem um peão no início da partida pretendendo montar um forte centro de peões e um ataque via coluna BR aberta. A superioridade em desenvolvimento geralmente permite um ataque decisivo no caso das brancas e uma defesa bem sucedida, no caso das negras.

(a) Gambito do cavalo-rei com ....P4CR(*)

Constitui uma das mais antigas e complicadas formas do Gambito do Rei.

BRANCAS	NEGRAS	BRANCAS	NEGRAS
1.P4R	P4R	2.P4BR	PxP
	3.C4BR	P4CR	

A idéia das negras é manter o peão do gambito em 5BR. As brancas podem tentar romper a formação de peões do adversário com 4.P4TR, mas as negras teriam boa réplica: 4....P5T forçando a retirada do cavalo. Se então 5.C5C?!, P3TR e as brancas são obrigadas a jogar 6.CxP (Gambito Allgaier), que as deixa com inadequado material pelo cavalo após 6....RxC.

Mais razoável, após 4.P4TR, P5C é 5.C5R (Gambito Kieseritzky); mas após 5....C3BR; 6.B4B, P4D!; 7.PxP, B2C; 8.P4D, C4T! as negras ficam com excelente logo.

4.B4B ....

As negras devem continuar com muita prudência. O super-ansioso .....P3BR?? leva ao desastre após 5.CxP!, PxC; 6.D5T+, R2R; 7.D7B+, R3D; 8.D5D+, R2R; 9.D5R mate.

(*) Também conhecida por Defesa Clássica. — N. do T.

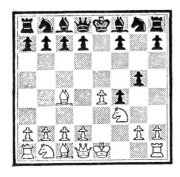

9

(Posição após 4.B4B)
As brancas almejam um rápido desenvolvimento, enquanto as negras esperam manter seu peão de vantagem.

Após 4....P5C (muito apressado); 5.0-0!?, PxC chegamos ao famoso Gambito Muzio. Então, após 6.DxP as brancas estão magnificamente desenvolvidas pela peça sacrificada. As negras procedem corretamente, evitando esta azarada linha de jogo.

4....	B2C	6.P4D	P3TR
5.0-0	P3D	7.P3B	C3BD

10

(Posição após 7....C3BD)
O sóbrio desenvolvimento das negras permite-lhes uma posição a toda a prova.

8.P3CR ....

Lógico: as brancas tentam quebrar a cadeia de peões do adversário. Naturalmente as negras não são forçadas a responder 8....PxP, abrindo a coluna BR para as brancas.

8.... B6T!

Atacando a torre, as negras ganham tempo para completar seu desenvolvimento. *O jogo é complicado, com oportunidades iguais.*

(*b*) Gambito do Cavalo-Rei com 3....B2R.

Esta linha e a Variante (*c*) são favoritas dos jogadores modernos, sendo mais simples e menos arriscadas que a Variante (*a*).

BRANCAS	NEGRAS	BRANCAS	NEGRAS
1.P4R	P4R	2.P4BR	PxP
3.C3BR	B2R		

Há muito mais coisas por detrás deste lance aparentemente inocente, pois se 4.P4D?, B5T+ e o rei das brancas é obrigado a ocupar uma casa má.

4.B4B ....

Como sempre, um lance de desenvolvimento é o melhor. Se agora 4....B5T+; 5.R1B e as brancas estão bem, apesar da perda do roque. As negras procuram o desenvolvimento com:

4.... C3BR

Se agora, 5.P3D, P4D! com excelente jogo.

5.P5R C5C!

11

(Posição após 5....C5C!)
O avançado cavalo das negras está bem situado. Por exemplo 6.C3B, C3BD; 7.P4D, P3D!; 8.P3TR?, B5T +!; 9.R1B e as negras ganham.

6.0-0   C3BD

Também serve 6....P3D; 7.PxP, DxP e as negras têm
)m desenvolvimento e nada a temer.

7.P4D   P4D

Se agora 8.B3D, P4CR! e a posição das negras é boa.

.PxP e.p.   BxP   9.T1R+   C2R

            10.P3TR   C3BR

As negras têm esplêndida posição e as brancas ainda têm
importante problema de recuperar o peão do gambito.

(c)   Gambito do Cavalo-Rei com 3....P4D

BRANCAS	NEGRAS	BRANCAS	NEGRAS
.P4R	P4R	3.C3BR	P4D
.P4BR	PxP	4.PxP	C3BR

As brancas podem agora procurar complicar com 5.B5C+,
ias as negras simplesmente responderiam 5....P3B com
:imo jogo, após 6.PxP, PxP; 7.B4B, C4D!

Por exemplo: 8.D2R+, B2R; 9.P4D, 0-0; 10.BxC, PxB;
1.BxP, B3T! Ou 8.0-0, B3D; 9.D2R+, B3R e as negras
:m belo jogo.

.C3B   CxP   6.CxC   DxC

         7.P4D   ....

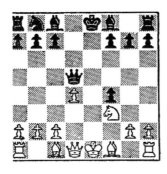

12

(Posição após 7.P4D)

As brancas esperam ganhar seu peão de
volta com 8.BxP, pois se então 9....
D5R +; 10.D2R crava a dama das
negras.

7.... B2R!

Este sólido lance de desenvolvimento indiretamente guarnece o peão do gambito, pois se 8.BxP??, D5R+ ganha o bispo.

| 8.P4B | D5R+ | 9.R2B | B4BR |

10.P5B   ....

Com a poderosa ameaça de 11.B5C+, seguido de 12.T1R.

| 10.... | C3B! | 11.B5C | D4D! |

Prudentemente retiram a dama da coluna-rei aberta.

12.BxP   0-0-0

13

(Posição após 12....0-0-0)
As negras têm belo jogo, devido à pressão que exercem sobre o fraco PD. Se agora B3R, B3B, etc.

As negras escaparam incólumes e têm belo jogo. Uma variante notável é: 13.B3R, B3B!; 14.D4T, B5R! com esta possibilidade: 15.BxC, DxB; 16.DxP, BxC; 17.PxB, BxP!; 18.BxB, TxB; 19.D8T+, R2D; 20.DxT, DxPBD! e embora as regras tenham uma torre a menos, dispõem de um ataque ganhador!

(d) Gambito do Bispo-Rei

| BRANCAS | NEGRAS | BRANCAS | NEGRAS |
| 1.P4R | P4R | 2.P4BR | PxP |

3.B4B   ....

26

14

(Posição após 3.B4B)

Esta abertura está fora da moda porque as negras têm fácil resposta com C3BR e P4D.

3.... C3BR! 4.C3BD P3B!

Preparando o liberador ....P4D!. Se agora 5.P5R, P4D! com jogo agressivo para as regras.

5.D3B ...

Inútil tentativa para deter o próximo lance das negras. Se 5.P4D, B5C!; 6.D3B, P4D!; 7.PxP, 0-0! e as negras estão melhor desenvolvidas.

5....	P4D!	7.P3D	B5CR
6.PxP	B3D	8.D2B	0-0

O indiscutível avanço em desenvolvimento concede às negras um jogo muito superior. Uma continuação plausível para ressaltar esta superioridade seria:

9.BxP	T1R+	12.CD2R	CxP
10.R1B	P4CD	13.BxC	PxB
11.B3CD	P5C	14.D3C	BxC+
	15.CxB	D3B!	

As negras ganham, sendo 16....TxC! sua principal ameaça.

A moral de todas estas variantes é que, se as negras conduzem cuidadosamente seu desenvolvimento e evitam maiores complicações, obtêm muito melhor jogo.

GAMBITO DO REI RECUSADO

Negando-se a aceitar o gambito, as negras pretendem iludir as variantes adrede preparadas e evitar perigosos ataques. Em geral, o jogo nesta linha é menos crítico que no gambito aceito.

(a) Variante 4.B4B

BRANCAS	NEGRAS	BRANCAS	NEGRAS
1.P4R	P4R	2.P4BR	B4B

O lance-chave de toda a posição. Se agora 3.PxP??, as negras têm cruciante resposta: 3....D5T+ forçando xéque-mate ou ganhando a torre.

3.C3BR	P3D	5.C3B	C3B
4.B4B	C3BR	6.P3D	....

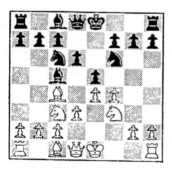

15

(Posição após 6.P3D)

As negras podem experimentar a agressiva porém arriscada linha 6....B5CR; 7.C4TD, BxC; 8.DxB, C5D; 9.D3C!? com jogo altamente complicado. A seguinte variante é mais segura e mais simples:

6....   B3R!

Partida igual. As negras nada têm a temer após 7.BxB, PxB; enquanto se 7.B5C, P3TD; 8.BxC+, PxB; 9.P5B, B1B elas ficam com um bom par de bispos e o lance liberador ....P4D.

(b) Variante 4.P3B

BRANCAS	NEGRAS	BRANCAS	NEGRAS
1.P4R	P4R	3.C3BR	P3D
2.P4BR	B4B	4.P3B	...

16

(Posição após 4.P3B)
As brancas esperam montar um forte centro de peões prosseguindo com P4D. As negras devem contra-atacar com precisão.

5....   C3BR!

Melhor do que 4.... B5CR; 5.PxP!, PxP; 6.D4T+!, B2D (forçado); 7.D2B e o jogo das brancas é mais livre.

Da mesma forma, após 4.... P4B; 5.PBxP, PDxP; 6.P4D!, PRxP; 7.B4BD!, C3BR; 8.P5R, C5R; 9.PxP, B5C+; 10.B2D+, BxB+; 11.CDxB, C3BD; 12.P5D, as negras têm jogo muito difícil devido ao centro de peões muito forte das brancas.

5.PxP	PxP	8.P5R	C4D
6.P4D	PxP	9.B4BD	B3R
7.PxP	B3C!	10.D3C	0-0

Jogo igual, em vista da forte posição do cavalo negro em 4D. Embora o centro de peões das brancas pareça formidável, poderá tornar-se débil mais tarde, face a um oportuno ....P3BR.

CONTRAGAMBITO FALKBEER

Os contragambitos devem ser olhados com ceticismo. É geralmente duvidoso que as negras possam apoderar-se da iniciativa nos primeiros lances. Nesta abertura, por exemplo, a idéia das negras de temporariamente, e em alguns casos, permanentemente, sacrificarem um peão, não nos parece justificável.

BRANCAS	NEGRAS	BRANCAS	NEGRAS
1.P4R	P4R	P4BR	P4D
	3.PRxP	P5R	

17

(Posição após 3....P5R)
Esta é a posição que as negras procuravam com seu segundo lance. As negras esperam utilizar seu PR como obstáculo ao desenvolvimento das brancas. Daí a réplica das brancas.

    4.P3D   C3BR

Após 4.... PxP; 5.DxP, C3BR; 6.C3BD, B4BD; 7.B2D, 0-0; 8.0-0, as negras não têm compensação pelo peão perdido.

    5.D2R!   ....

A cravação sobre o PR é muito eficaz. Se as brancas jogam 5.C2D as negras conseguem bom jogo com 5....PxP; 6.BxP, CxP etc.

5....	DxP	9.PxP!	DxPR
6.C3BD	B5CD	10.DxD +	CxD
7.B2D	BxC	11.BxP	T1C
8.BxB	B5C	12.B5R	C3BD
		13.B3D	

O peão extra das brancas constitui uma vantagem.

18

(Posição após 13.B3D)
As negras não têm compensação pelo peão a menos.

CONTRAGAMBITO GREGO

Eis outro contragambito — um esforço prematuro para arrancar a iniciativa das mãos das brancas. Como tal, deve ser considerado suspeito. Este contragambito é mais duvidoso, porque justamente é indicado de forma tola, como réplica ao mais forte lance de desenvolvimento das brancas — 2.C3BR.

BRANCAS	NEGRAS	BRANCAS	NEGRAS
1.P4R	P4R	2.C3BR	P4BR

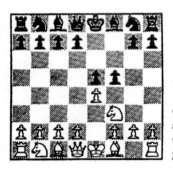

19

(Posição após 2....P4BR)

O avanço do PBR das negras é prematuro. Enfraquece a posição do rei e permite o ganho de tempo pelas brancas, por meio de uma formidável ameaça.

3.CxP ....

Ameaçando 4.D5T+ e se 4....P3CR; 5.CxPC. Daí a réplica das negras.

3....	D3B	5.C4B	PxP
4.P4D	P3D	6.C3B	D3C

O astucioso 6....P3B não resolve devido a 7.CxP, D3R; 8.D2R, P4D; 9.C4R-6D+, R2D; 10.C7B!!

20

(Posição após 6....D3C)

As brancas estão bem mais desenvolvidas e as forças negras estão fendidas. Sua dama estará ausente do flanco-dama e isto tem seus inconvenientes.

7.B4B   C3BR   8.C3R   B2R

Após 8....B3R; 9.P5D seguido de 10.D4D, deixa o jogo das negras desorganizado e débil seu peão-rei.

9.B4B   P3B   10.P5D!   ....

Definitivamente as brancas têm melhor jogo devido ao seu superior desenvolvimento. O peão-rei das negras carece do natural apoio ....P4D e são desfavoráveis as perspectivas de desenvolvimento das suas forças do flanco-dama.

DEFESA PHILIDOR

A passividade do segundo lance deixa as negras com jogo amarrado e partida defensiva. As brancas têm a iniciativa e muito mais liberdade de ação, independentemente da forma de agir do adversário.

(a) Variante 3....PxP

BRANCAS	NEGRAS	BRANCAS	NEGRAS
1.P4R	P4R	2.C3BR	P3D

O lance caracteristico desta defesa. Observemos que ele veda o caminho do bispo-rei das negras.

3.P4D   PxP

As negras cedem o centro, dando às brancas a oportunidade para desenvolverem agressivamente sua dama.

4.DxP!	C3BD	7.C3B	C3B
5.B5CD!	B2D	8.B5C	B2R
6.BxC	BxB	9.0-0-0	....

21

(Posição após 9.0-0-0)

As brancas têm esplêndida iniciativa com marcante vantagem no desenvolvimento e muitas casas para suas peças.

(b) Variante 3....C2D

BRANCAS	NEGRAS	BRANCAS	NEGRAS
1.P4R	P4R	3.P4D	C2D
2.C3BR	P3D	4.B4BD!	....

Jogando 3....C2D as negras apregoam a sua decisão de não abandonarem o centro como na variante anterior. Contudo, sua posição está muito restringida.

22

(Posição após 4....B4BD!)
As negras encontram dificuldades. Se agora 4....B2R?; 5.PxP!, CxP; 6.CxC, PxC; 7.D5T, – ou 5....PxP?; 6.D5D. Em ambos os casos as brancas ganham material.

4....	P3BD	6.0-0	CR3B
5.C3B	B2R	7.P4TD!	....

Evitando que as negras obtenham uma boa casa com ....P4CD etc.

As brancas têm melhor jogo devido à mobilidade de suas peças. Uma continuação seria 7....D2B; 8.D2R, 0-0; 9.B2T seguido de B3R e as brancas alardeiam uma situação muito mais livre.

DEFESA PETROFF

Superficialmente esta é uma defesa agressiva, pois as negras contra-atacam no segundo lance. Atualmente as brancas têm variantes simplificadoras que encaminham para o empate. Conseqüentemente, as negras devem evitar a Petroff, *se pretendem ganhar*. Por outro lado, se as brancas desejarem pronunciar sua iniciativa, as negras têm suficientes recursos para manter a posição.

BRANCAS	NEGRAS	BRANCAS	NEGRAS
1.P4R	P4R	2.C3BR	C3BR

O lance-chave. Se agora 3.P4D, PxP!; 4.P5R, C5R; 5.DxP, P4D; 6.PxP e.p., CxPD com igualdade.

3.CxP ....

23

(Posição após 3.CxP)
Esta posição não é tão inocente como parece. Se agora 3....CxP??; 4.D2R e as brancas forçam o ganho de algum material — por exemplo 4....C3BR???; 5.C6B + desc.

3.... P3D! 4.C3BR CxP

Aqui as brancas têm uma linha descolorida que despoja a Petroff de sua agressividade: 5.D2R, D2R; 6.P3D, C3BR; 7.B5C etc.

5.P4D P4D 6.B3D ....

24

(Posição após 6.B3D)

Momentaneamente parece que as brancas podem obter leve iniciativa 6... B3D; 7.0-0, 0-0; 8.P4B!, P3BD; 9.C3B etc.

6....	B2R	7.0-0	C3BD
	8.P4B	....	

Novamente as brancas parecem ter melhores perspectivas, por exemplo 8.... C3B; 9.P5B! e o jogo das negras está amarrado.

8....	C5CD!	10.DxC	DxP
9.PxP	CxB	11.T1R	B4BR

Jogo igual. Uma continuação plausível seria 12.C3B, CxC; 13.DxC, P3BD; 14.T5R, D2D; 15.P5D!, 00; 16.PxP PxP. Neste caso os peões do flanco-dama das negras estão fracos, mas os bispos compensam com seu bom jogo.

GAMBITO ESCOCÊS

Com seus terceiro e quarto lances, as brancas violam o princípio do rápido desenvolvimento. No lance 4, as negras podem movimentar-se com ganho de tempo e assim garantir a igualdade.

(a) *Variante 4....B4B*

BRANCAS	NEGRAS	BRANCAS	NEGRAS
1.P4R	P4R	3.P4D	PxP
2.C3BR	C3BD	4.CxP	....

Aqui uma possibilidade é 4.B4BD. Após 4....C3B as brancas podem transpor para a Defesa dos Dois Cavalos com 5.0-0 ou 5.P5R (págs. 46-48), ou ainda continuar com o próprio gambito jogando 5.P3B, PxB; 6.CxP. Com isto obtêm um desenvolvimento ativo que parcialmente compensa o peão a menos.

 4.... B4B

25

(Posição após 4....B4B)

As negras desenvolvem-se atacando — puro ganho de tempo. A luta que se segue pelo controle das casas centrais é muito interessante e não apresenta maiores dificuldades para as negras.

5.B3R	D3B	8.CxB	0-0
6.P3BD	CR2R	9.B2R	P3D
7.C2B	BxB	10.0-0	B3R
	11.C2D	P4D!	

O lance clássico que iguala. A partida está perfeitamente equilibrada.

(b) Variante 4....C3B

BRANCAS	NEGRAS	BRANCAS	NEGRAS
1.P4R	P4R	5.C3BD	B5C
2.C3BR	C3BD	6.CxC	PCxC
3.P4D	PxP	7.B3D	P4D
4.CxP	C3B	8.PxP	....

Após 8.P5R, as negras ficam com bom jogo com 8....C5C ou 8....C5R.

26

(Posição após 8.PxP)
O método mais simples para as negras igualarem é 8....D2R +; 9.D2R, CxP: 10.DxD +, RxD etc.

8....	PxP	10.B5CR	B3R
9.0-0	0-0	11.D3B	B2R

Jogo igual. A posição das brancas é mais agressiva, mas as negras têm amplos recursos.

ABERTURA PONZIANI

Enquanto no Gambito Escocês as brancas avançam rapidamente no centro para conseguirem seu controle, na Abertura Ponziani o avanço se faz lentamente. Desta forma as negras igualam sem dificuldades.

BRANCAS	NEGRAS	BRANCAS	NEGRAS
1.P4R	P4R	2.C3BR	C3BD
3.P3B	C3B!		

27

(Posição após 3....C3B!)
O terceiro lance das brancas prejudica seu desenvolvimento e tira a melhor casa para o cavalo-dama.

    4.P4D   P4D!

Muito melhor que 4....CxPR?; 5.P5D, C1C; 6.B3D! C4B; 7.CxP em que as negras não obtêm boa posição.

    5.B5CD!   ....

Sabiamente as brancas jogam com prudência. Se 5.PRxP DxP; 6.B2R, P5R; 7.CR2D, P6R!; 8.PxP, DxPC as negras conseguem a iniciativa. Assim procedendo, esperam as brancas por alguma outra continuação com 5....PDxP; 6.CxP que lhes dê melhores perspectivas de iniciativa. Em resumo mesmo após 6.....B2D as brancas devem prejudicar defi-

nitivamente a posição no flanco dama das negras com
7.BxC etc.

5....	PRxP	8.BxB +	DxB
6.CxP	B2D	9.DxC	DxP
7.PxP	CxC	10.D3R +	B2R

As negras têm leve vantagem em desenvolvimento, mas a posição pode ser considerada igual.

DEFESA HÚNGARA

As negras adotam esta defesa para fugirem ao Giuoco Piano ou Gambito Evans (págs. 38-44). Contudo, o resultado é uma posição tolhida para elas, sendo por isso pouco recomendável.

BRANCAS	NEGRAS	BRANCAS	NEGRAS
1.P4R	P4R	2.C3BR	C3BD
	3.B4B	B2R	

O último lance das negras caracteriza a defesa.

4.P4D!   ....

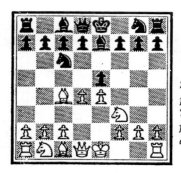

28

(Posição após 4.P4D!)

Se as negras jogam 4....PxP a seqüência poderia ser 5.CxP, P3D; 6.0-0, C3B; 7.C3BD, 0-0; 8.P3TR quando as negras ficam com posição amarrada que recorda a Defesa Philidor (pág. 28).

4....   P3D   5.P5D!   ....

O lance-chave do plano das brancas: as negras ficam permanentemente amarradas.

5....   C1C   6.B3D!   ....

As brancas devem impedir o único meio de as negras recuperarem sua liberdade de ação: ....P4BR.

6....   C3BR   7.P4B   0-0

Ou 7....CD2D; 8.C3B, 0-0; 9.P3TR, C4B; 10.B2B, P4TD; 11.B3R e a posição das negras está amontoada, de forma prejudicial como na linha do texto.

8.P3TR!	P3B	10.B3R	C2B
9.C3B	C3T	11.0-0	CR1R
	12.D2B!	....	

O jogo das brancas é muito superior. A posição das negras se apresenta restringida de forma inconveniente.

GIUOCO PIANO

Esta é a primeira abertura em nosso repertório que se baseia em idéias estritamente lógicas. As brancas buscam a iniciativa com seu segundo lance (2.C3BR), e prosseguem com 3.B4B. Desta forma levam o bispo-rei para uma diagonal agressiva e lutam por impedir o lance libertador ....P4D. E continuam visando a estrutura de um forte centro de peões.

Tudo isto transparece ótimo, e na realidade o é. As negras podem facilmente incorrer em falta, se não conhecerem as linhas mais seguras.

(a) Variante C3B

BRANCAS	NEGRAS
1.P4R	P4R
2.C3BR	C3BD

BRANCAS	NEGRAS
3.B4B	B4B
4.P3B	C3B

O clássico lance de contra-ataque. As negras pretendem abandonar o centro com seu próximo lance.

5.P4D   PxP   6.PxP   ....

Note-se que embora pareça expressivo 6.P5R, as negras têm resposta correta com 6....P4D!

6....   B5C +

29

(Posição após 6....B5C +)
O caminho simples e seguro nesta altura é 7.B2D, BxB +; 8.CDxB, P4D!; 9. PxP, CRxP; 10.D3C, CD2R; 11.0-0, 0-0 com igualdade.

A alternativa 6....B3C? deixa as negras com um jogo muito inferior após 7.P5R, C1CR; 8.P5D etc.

       7.C3B?!   CxPR!?

Outro caminho é 7....P4D! e se 8.PxP, CRxP; 9.0-0, B3R!; 10.B5CR, B2R;11.BxC, BDxB; 12.CxB, DxC; 13.BxB, CxB; 14.T1R, P3BR!; 15.D2R, D2D; 16.TD1B, R2B! e as negras estão seguras após 17....TR1R e 18....R1C.

Observe-se que o último lance das brancas constitui um valente esforço para criar perigosas complicações à custa de um peão ou mesmo de mais material.

       8.0-0   ....

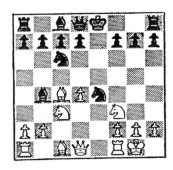

30

(Posição após 8.0-0)

As negras devem proceder com muito cuidado.

Agora 8....CxC pode trazer complicações para as negras após 9.PxC, P4D; 10.PxB, PxB; 11.T1R +, C2R (se 11....B3R?; 12.P5D ganha uma peça); 12.D2R, B3R; 13.B5C, D4D; 14.BxC, RxB; 15.D2B!, P3BR; 16.C5C!, PxC (se 16....DxC; 17.D4R com ataque ganhador); 17.T5R, DxPD; 18.TD1R e as brancas recuperam a peça com vantagem.

Outra linha perigosa para as negras é 8....CxC; 9.PxC, BxP?; 10.B3T!! e ganham. Então, após 10....BxT??; 11.T1R + as negras podem resignar.

E se 10....P4D; 11.B5C!, BxT; 12.T1R + B3R; 13.D4T! e as negras perdem.

Outra linha é: 10....P3D; 11.T1B, B4T; 12.D4T, P3TD; 13.B5D, B3C; 14.TxC!, B2D; 15.T1R +, R1B; 16.TxPD!! e ganham.

8.... BxC!   9.P5D ....

31

(Posição após 9.P5D)
Esta posição é rica em complicações. O mais seguro para as negras é 9....C4R!

9.... C4R!   10.PxB CxB

        11.D4D ....

Eis uma famosa cilada: 11....C5B — 3D?; 12.DxPC, D3B; 13.DxD, CxD; 14.T1R +. Se agora 14....R1D??; 15.B5C! e ganham. Se 14....R1B??; 15.B6T +, R1C; 16.T5R! e as negras estão perdidas, por exemplo 16....C3D-5R; 17.C2D, CxC; 18.T5CR mate ou 17....P3D; 18.CxC, PxT; 19.CxC mate.

Finalmente, se 14....C3B-5R; 15.C2D, P4B; 16.P3B com jogo ganho para as brancas.

11.... P4BR   12.DxC4B ....

Não 12.DxPC?, D3B e as brancas não têm compensação pela perda da peça.

      12.... P3D

As negras têm vantagem: sua posição é segurar e têm um peão a mais.

(b) Variante 4....D2R

BRANCAS	NEGRAS	BRANCAS	NEGRAS
1.P4R	P4R	3.B4B	B4B
2.C3BR	C3BD	4.P3B	D2R
		5.P4D	B3C

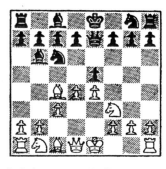

32

(Posição após 5....B3C)

As negras evitam trocar peões para proteger o centro. Disto resulta uma posição muito amarrada para elas.

6.0-0	C3B	7.T1R	P3D
	8.P3TR!	....	

Prevenindo a cravação ....B5C. Assim as brancas fortalecem seu centro de peões e privam o bispo-dama das negras de sua melhor casa.

8....	0-0	10.B3D!	P3B
9.C3T!	C1D	11.C4B	B2B

Indiscutivelmente, as brancas têm jogo melhor devido a sua liberdade de ação mais ampla. Elas podem continuar 12.P3CD! ameaçando 13.B3T com desconfortáveis possibilidades para as negras.

(c) Variante 4.P3D

BRANCAS	NEGRAS	BRANCAS	NEGRAS
1.P4R	P4R	3.B4B	B4B
2.C3BR	C3BD	4.P3D	....

Esta linha conduz a jogo calmo que deixa as negras com poucas preocupações.

4.... C3B   5.C3B   P3D
         6.B3R   ....

Após 6.B5CR, P3TR (6....C4TD é também jogável); 7. BxC, DxB; 8.C5D, D1D; 9 P3B, P3T!; 10.P4D, PxP; 11.PxP, B2T e o jogo das negras é levemente preferível devido aos seus dois bispos.

         6....   B3C

Melhor do que 6....BxB; 7.PxB que deixa as brancas com a coluna bispo-rei aberta.

7.D2D   B3R   8.B3C   ....

As brancas enfrentam problema idêntico ao que tiveram as negras no lance 6. Isto é, não desejam jogar BxB, para não abrir a coluna bispo-rei para as negras. Contudo, agora que as brancas retiraram o B para 3C, as negras voltam a enfrentar o mesmo problema. Se as negras jogam 8....BxB, as brancas respondem 9.PTxB, abrindo a coluna para a torre-dama.

Este raciocínio sobre as vantagens e os inconvenientes da troca dos bispos é característico desta variante. A conquista de uma coluna aberta é muitas vezes a imperceptível rota que conduz a uma forte iniciativa.

33

(Posição após 8.B3C)

Esta é uma boa variante para jogadores inexperientes, pois a posição oferece poucas possibilidades de complicações.

Jogo igual; a posição simétrica dos bispos e dos peões oferece poucas possibilidades para ambos os lados.

GAMBITO EVANS

O Evans é uma brilhante variante do Giuoco Piano, em que as brancas sacrificam um peão para obter linhas e ganho de tempo para montar um poderoso centro de peões.

(a) Gambito Evans Aceito

BRANCAS	NEGRAS	BRANCAS	NEGRAS
1. P4R	P4R	3. B4B	B4B
2. C3BR	C3BD	4. P4CD	....

34

(Posição após 4.P4CD)

As brancas oferecem um peão, mas sua captura pode envolver muitas armadilhas, variantes preparadas e analises enganadoras. As negras fazem bem escolhendo uma defesa simples.

4. ....   BxPC   5. P3B   B2R!

A defesa antiga 5....B4B; 6.P4D, PxP; 7.PxP, B3C; 8.0-0, P3D deixa as brancas com grande vantagem em desenvolvimento após 9.C3B.

                6. P4D   C4TD!

Guardando-se contra 7.D3C.

                7. B3D   ....

Ou 7.CxP, CxB; 8.CxC, P4D; 9.PxP, DxP com jogo agradável para as negras.

7. ....   PxP   8. PxP   P4D

Se agora 9.PxP, C3BR; 10.D4T +, P3B e as negras estão em posição confortável.

| 9.C3B | PxP | 11.CxC + | BxC |
| 10.CxP | C3BR | 12.D4T + | CxB |

As negras têm jogo fácil após *13.B3T, B2R; 14.B5C, 00;* devolvendo o peão do gambito. Observe-se que as negras se dão pressa em desenvolver suas peças mesmo devolvendo o peão do gambito.

(b) Gambito Evans Recusado

BRANCAS	NEGRAS	BRANCAS	NEGRAS
1.P4R	P4R	3.B4B	B4B
2.C3BR	C3BD	4.P4CD	B3C!
	5.P4TD	....	

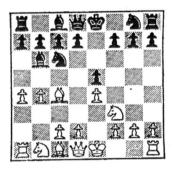

35

(Posição após 4.P4TD)

Recusando a aceitação do gambito as negras obtêm segurança e posição satisfatória. Assim evitam todas as complicações da variante anterior.

5....	P3TD	9.BxT	C5D!
6.B2C	P3D	10.CxC	PxC
7.P5C	PxP	11.P3BD	C3B
8.PxP	TxT	12.0-0	0-0

Jogo igual, com estas possibilidades: 13.P3D, P3B!; 14. PCxP, PCxP; 15.PxP, P4D!; 16.PxP, CxP e o peão extra das brancas não tem valor prático.

51

DEFESA DOS DOIS CAVALOS

Esta é a linha de jogo preferida daqueles que desejam fugir do Giuoco Piano ou do Gambito Evans. Esta defesa requer jogo empreendedor, pois em muitas variantes prevê o sacrifício de um peão por parte das negras.

(a) Variante 4.C5C

BRANCAS	NEGRAS	BRANCAS	NEGRAS
1.P4R	P4R	3.B4B	C3B
2.C3BR	C3BD	4.C5C	P4D
	5.PxP	....	

36

(Posição após 5.PxP)
O melhor para as negras é 5....CxP!, pois se 6.CxPB? (Fegatelo), RxC; 7. D3B + R3R; 8.C3B, CD5C!; 9.D4R, P3B; 10.P4D, R2D! e as negras estão seguras.

5....   C4TD   6.B5C+   ....

Após 6.P3D, P3TR; 7.C3BR, P5R as negras têm a iniciativa pelo peão sacrificado; por exemplo 8.D2R, CxB; 9. PxC, B4BD; 10.CR2D, 0-0; 11.C3C, B5CR! etc.

6....   P3B   7.PxP   PxP
    8.B2R   ....

Contra 8.D3B as negras podem aventurar 8....PxB!; 9. DxT, D2D! com notável vantagem em desenvolvimento contra as desorganizadas forças brancas.

8....	P3TR	12.0-0!	BxC
9.C3BR	P5R	13.PxB	D5D +
10.C5R	B3D	14.R1T	DxPR
11.P4BR!	0-0	15.P4D!	....

37

(Posição após 15.P4D!)
As brancas foram consideravelmente beneficiadas com a devolução do peão no lance 12.

As brancas ficam com o melhor jogo se as negras retiram a dama ou tomam o peão "en passant". A vantagem posicional das brancas está bem definida: estão com a coluna bispo-rei aberta, possuem dois bispos agressivos e maioria de peões no flanco dama, onde os peões negros se encontram dissociados e o cavalo muito mal situado.

(b) Variante 4.P4D

BRANCAS	NEGRAS	BRANCAS	NEGRAS
1.P4R	P4R	3.B4B	C3B
2.C3BR	C3BD	4.P4D	PxP

5.0-0   CxP

A alternativa 5....B4B; 6.P5R, P4D pode conduzir ao Ataque Max Lange (página 48).

6.T1R	P4D	7.BxP	DxB

8.C3B   ....

53

38

(Posição após 8.C3B)

As brancas fazem uso de uma dupla cravação para recuperar o material sacrificado.

| 8.... | D4TR | 10.B5C | B5CD |
| 9.CxC | B3R | 11.CxP | .... |

As brancas recuperam o peão com *jogo igual*. A continuação poderia ser: 11....DxD; *12.TRxD, CxC; 13.TxC, B2R*.

(c) Ataque Max Lange

BRANCAS	NEGRAS	BRANCAS	NEGRAS
1.P4R	P4R	5.0-0	B4B
2.C3BR	C3BD	6.P5R	P4D!
3.B4B	C3B	7.PxC	PxB
4.P4D	PxP	8.T1R +	....

As brancas devem jogar para a igualdade com 8.PxP, TR1C; 9.B5C etc.

| 8.... | B3R | 9.C5C | ..... |

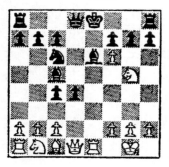

39

(Posição após 9.C5C)

As brancas ameaçam 10.CxB, PxC; 11.D5T + ganhando o bispo.

| 9.... | D4D | 10.C3BD! | D4B |
| | | 11.CD4R | .... |

Se agora 11....B1BR; 12.CxPB!, RxC; 13.C5C + e as
brancas recuperam a peça com ataque decisivo.

| 11.... | 0-0-0 | 13.P4CR | D4R |
| 12.C5CxB | PxC | 14.PxP | TR1C |

Nesta posição aberta as negras têm a iniciativa. Por exemplo 15.B6T, B5C!; 16.T2R, P6D! etc.

PARTIDA DOS QUATRO CAVALOS
(incluindo a Partida dos Três Cavalos)

Esta linha de jogo é geralmente indicada para o empate, portanto desaconselhável para as brancas se pretendem o ganho. As negras dispõem de caminhos para o equilíbrio e numerosas oportunidades para a efetivação de trocas simplificadoras.

(a) Variante 6....BxC

BRANCAS	NEGRAS	BRANCAS	NEGRAS
1.P4R	P4R	4.B5C	B5C
2.C3BR	C3BD	5.0-0	0-0
3.C3B	C3B	6.P3D	....

Uma alternativa passiva de empate é 6.BxC, PCxB; 7.CxP, T1R; 8.C3D, BxC; 9.PDxB, CxP etc.

6....	BxC	7.PxB	P3D
	8.B5C	D2R	

Após 8....C2R?; 9.BxC, PxB; 10.C4T, P3B; 11.B4B, P4D; 12.B3C, C3C; 13.CxC, PTxC; 14.P4BR! as brancas têm decidida iniciativa.

9.T1R   C1D

40

(Posição após 9....C1D)

As negras reorganizam suas peças para maior liberdade de manobra.

10.P4D   C3R   11.B1BD   P4B!

As negras não receiam 12.PxP, PxP; 13.CxP?? pois então 13....C2B! ganha uma peça.

12.P3C   D2B

As negras têm leve vantagem devido a seu melhor dispositivo de peões. Uma possibilidade plausível seria 13.D2R, P3TD; 14.B3D, P4CD; 15.P5D, P5B!; 16.PxC, BxP! e as negras recuperam a peça favoravelmente.

(b)   Variante 6....P3D

BRANCAS	NEGRAS	BRANCAS	NEGRAS
1.P4R	P4R	4.B5C	B5C
2.C3BR	C3BD	5.0-0	0-0
3.C3B	C3B	6.P3D	P3D

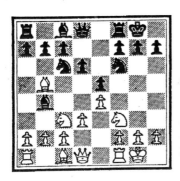

41

(Posição após 6....P3D)
As negras pretendem ficar com os dois bispos. Se agora 7.C2R, as negras replicam 7....C2R com posição simétrica de empate.

7.B5C   C2R

E não 7....B5C devido a 8.C5D intensificando a cravação do cavalo-rei negro.

8.BxC	PxB	11.P4B	B4B +
9.C4TR	C3C	12.R1T	R2C
10.CxC	PTxC	13.P5B	.....

57

Após 13....P3B; 14.B4B, P4D! as negras têm boas promessas com seu par de bispos e seu compacto centro de peões, apesar da posição um pouco entravada.

(c) Variante 4....C5D

BRANCAS	NEGRAS	BRANCAS	NEGRAS
1.P4R	P4R	3.C3B	C3B
2.C3BR	C3BD	4.B5C	C5D
	5.CxP	D2R	

42

(Posição após 5....D2R)
As negras violaram as regras do bom desenvolvimento, mas como poderão ser punidas? Se 6.C3B, CxB; 7.CxC, DxP +; 8.D2R, DxD +; 9.RxD, C4D; 10. P4B, P3TD! e as brancas nada conseguem.

6.P4B!	CxB	9.R2B	C5C +
7.CxC	P3D	10.R1C!	R1D
8.C3BR	DxP +	11.P3D	D3B

Após 12.CD4D, D3C; 13.P3TR, C3B; 14.R2T as brancas têm melhor jogo. O rei das negras está inseguro e o desenvolvimento desorganizado.

(d) Partida dos Três Cavalos

BRANCAS	NEGRAS	BRANCAS	NEGRAS
1.P4R	P4R	2.C3BR	C3BD
	3.C3B	B5C	

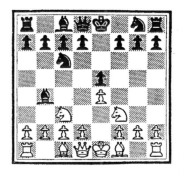

43

(Posição após 3....B5C)

O último lance das negras é a chave desta abertura. Se jogassem 3....C3B entraríamos na Partida dos Quatro Cavalos.

| 4.C5D | C3B | 5.CxB | CxC |

Se agora 6.P4D, P4D! — ou 6.B4B, P4D! 7.PxP, P5R! com igualdade em qualquer caso.

6.CxP	D2R	9.CxC	PDxC
7.P4D	CxPR	10.B2R	0-0
8.P3BD	C3BD	11.0-0	B3R

Jogo igual. Nenhum dos lados pode complicar demasiadamente nesta descolorida posição.

59

RUY LOPEZ

Entre todas as aberturas do Peão-Rei, esta representa o mais sério esforço das brancas para o controle da iniciativa. Existem muitas linhas de jogo em que as brancas exercem uma duradoura pressão sobre a posição contrária. Indubitavelmente a melhor defesa para as negras provém da exploração do Variante do Ponto Forte, que dá maiores possibilidades de liberação.

(a) Defesa Morphy com 5....B2R

BRANCAS	NEGRAS	BRANCAS	NEGRAS
1.P4R	P4R	2.C3BR	C3BD
3.B5C	....		

Este lance exerce inequivoca pressão sobre o jogo das negras. Mais cedo ou mais tarde as brancas estarão ameaçando ganhar um peão com BxC seguido de CxP.

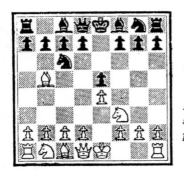

44

(Posição após 3.B5C)
As negras podem jogar 3....P3TD pois se 4.BxC, PDxB; 5.CxP, recuperam o peão mediante 5....D4C ou ....D5D.

3.... P3TD

Esta linha (conhecida como Defesa Morphy) é a melhor para as negras. Expulsando o bispo com um eventual

....P4CD, afastam a potencial ameaça de ganho de peão e buscam ampliar seu espaço de manobra.

Uma possibilidade aqui para as brancas seria a Variante das Trocas, sem grandes promessas: 4.BxC, PDxC, podendo continuar 5.P4D, PxP; 6.DxP, DxD; 7.CxD, B2D; 8.B3R, 0-0-0; 9.C2D, C2R; 10.0-0-0, T1R; 11.TR1R, C3C. O par de bispos deixa as negras com excelente jogo.

4.B4T   C3B

Bom lance de desenvolvimento que ganha tempo pelo ataque ao peão-rei branco.

5.0-0   ....

Momentaneamente as brancas podem deixar seu peão-rei, pois elas também ameaçam o peão-rei das negras.

5....   B2R

As negras também podem jogar 5....CxP, como na Variante (c).

45

(Posição após 5....B2R)

As brancas devem agora escolher entre a defesa do seu peão-rei e o avanço central P4D.

Se as brancas avançam 6.P4D, a melhor réplica seria 6....PxP. Após 7.T1R, as brancas podem cair na cilada conhecida como Arca de Noé: 7....P4CD; 8.B3C, P3D; 9.CxP??, CxC; 10.DxC, P4B; seguido de....P5B ganhando o bispo-rei!

Em resposta a 6....PxP o melhor seguimento para as brancas é 7.P5R. Então, após 7....C5R; 8.CxP, CxC (não 8....CxPR??; 9.T1R) ; 9.DxC, C4B a posição é aproximadamente igual: as brancas estão melhor desenvolvidas mas as negras têm o par de bispos.

Voltando à posição do diagrama 45, as brancas podiam também defender seu peão com 6.D2R. Então após 6....0-0?, seguir-se-ia 7.BxC, PDxB; 8.CxP, D5D; 9.C3BR, DxPR; 10.DxD, CxD; 11.T1R e as brancas ganham uma peça.

Conseqüentemente, após 6.D2R as negras jogam 6.... P3D, embora após 7.P3B, 0-0; 8.P4D seu jogo fique um pouco amarrado.

6.T1R   ....

Este é o lance usual. Agora que as brancas protegeram seu peão-rei, elas ameaçam ganhar um peão com 7.BxC e 8.CxP.

6....   P4CD

Expulsando o bispo para proteger o peão-rei.

7.B3C   P3D

O mais seguro, evita o prematuro contra-ataque 7....0-0; 8.P3B, P4D?(*)

Nesse caso poderia seguir 9.PxP, CxP; 10.CxP, CxC; 11. TxC, P3BD; 12.P4D!, B3D; 13.T1R, D5T; 14.P3C, D6T; 15.T4R!

Embora as negras ainda tenham algumas possibilidades de ataque, as brancas têm defesa satisfatória. O peão extra representa uma vantagem.

8.P3B   0-0   9.P3TR!   ....

(f)   Constitui o temido ATAQUE MARSHALL. — N. do T.

Mais preciso que o imediato 9.P4D, que permite a cravação 9....B5C. Avançando seu peão-torre-rei, as brancas privam o bispo-dama de sua melhor casa.

9....   C4TD!   10.B2B   P4B

11.P4D   D2B

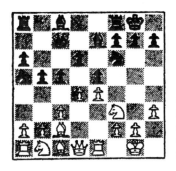

46

(Posição após 11....D2B)
As negras estabeleceram um "forte ponto" em 4R. Avançando os peões do lado da dama (começando com 3....P3TD) elas estabeleceram amplo espaço para manobra de suas forças.

12.CD2D   C3B

Uma alternativa plausível é 12....PBxP; 13.PxP, C3B; 14.P5D, C5CD; 15.B1C, P4TD; 16.P3T, C3T. O cavalo-dama das negras virá para a casa 4BD, mas as brancas têm jogo levemente mais livre.

13.P5D   C1D   14.P4TD!   T1C

Mas não 14....P5C, que permite às brancas colocarem seu CD magnificamente em 4B.

15.P4B!   P5C   17.P4TR   P3C
16.C1B   C1R   18.B6T   C2CR

A posição é aproximadamente igual. As brancas têm mais espaço de manobra, mas o jogo das negras é compacto e difícil de ser rompido.

(*b*) Defesa Morphy com 4....P3D

BRANCAS	NEGRAS	BRANCAS	NEGRAS
1.P4R	P4R	3.B5C	P3TD
2.C3BR	C3BD	4.B4T	P3D

47

(Posição após 4....P3D)
As negras retardam seu cavalo-rei porque pretendem uma variante em que esta peça pode ir a 2R ou 3T; podem também avançar o PBR.

Se agora 5.BxC +, PxB; 6.P4D, as negras mantêm o centro com 6....P3B! e após 7.B3R, C2R; 8.C3B, C3C; 9.D2D, B2R a sua posição é satisfatória.

Outra possibilidade é 5.P4D, P4CD; 6.B3C, CxP; 7.CxC, PxC. Agora 8.B5D, é satisfatório para as brancas e 8.DxP??, P4BD; 9.D5D, B3R; 10.D6B +, B2D; 11.D5D, P5B dá-nos uma outra versão da cilada Arca de Noé.

     5.P3B B2D

Aqui 5....P4B é prematuro: 6.PxP; BxP; 7.P4D!, P5R; 8.C5C, P4D; 9.P3B! forçando uma linha aberta que favorece às brancas.

6.P4D	P3CR	10.P3TR	C2B
7.B5CR	P3B	11.CD2D	0-0
8.B3R	C3T!	12.PxP	PDxP
9.0-0	B2C	13.B5B	T1R

A posição é aproximadamente igual. A aparente pressão das brancas é neutralizada pela sólida posição contrária.

(c) Defesa Morphy 5....CxP

BRANCAS	NEGRAS	BRANCAS	NEGRAS
1.P4R	P4R	4.B4T	C3B
2.C3BR	C3BD	5.0-0	CxP
3.B5C	P3TD	6.P4D!	....

48

(Posição após 6.P4D!)
Ganhando um segundo peão as negras procuram dificuldades, por exemplo:
6....PxP; 7.T1R, P4D; 8.B5CR!, D3D; 9.P4B, PxP e.p.; 10.CxP, B3R; 11.CxC, PxC; 12.C4D, P4C; 13.TxP!, PxB; 14.DxP, D4D; 15.T5R!! e ganham.

6....	P4CD	8.PxP	B3R
7.B3C	P4D	9.P3B	....

Uma possibilidade interessante é 9.D2R, por exemplo 9....C4B; 10.T1D, CxB; 11.PTxC, D1B; 12.P4B!, PDxP; 13.PxP, BxP; 14.D4R e as brancas têm ataque ganhador.

9....   B2R

49

(Posição após 9.B2R)
Aqui 9....B4BD concede às negras um desenvolvimento agressivo, mas deixa-as com posição de peões vulnerável — por exemplo: 10.D3D, 0-0; 11.B3R, BxB; 12.DxB, C2R; 13.B2B, P4BR; 14.PxP e.p., TxP; 15.C4D!

10.P4TD!   ....

65

As brancas conseguem forte iniciativa.

10....	P5C	12.P4BR	B5C
11.C4D!	CxPR	13.D2B	P4BD

Não 13....C3C; 14.PxP, BxP?; 15.C6B.

14.PxC	PxC	15.PxPD	0-0

As brancas têm nítida vantagem devido a sua maior mobilidade, possibilidades de ataque e perspectivas de criar fraquezas no flanco-rei das negras.

(d) Defesa Berlinense

BRANCAS	NEGRAS	BRANCAS	NEGRAS
1.P4R	P4R	2.C3BR	C3BD
	3.B5C	C3B	

50

(Posição após 3....C3B)
O inconveniente desta outrora muito popular defesa é deixar as negras com fraca formação de peões.

4.0-0	CxP	5.P4D	B2R

Observe-se que 5....PxP? seria mau devido a 6.T1R.

6.D2R	C3D	10.C4D	B4B
7.BxC	PCxB	11.T1D	BxC
8.PxP	C2C	12.TxB	P4D
9.C3B	0-0	13.PxP e.p.	PxP

A posição é decididamente favorável às brancas. O jogo das negras é difícil devido a seus peões fracos e má colocação de seu cavalo.

(e) Defesa Steinitz

BRANCAS	NEGRAS	BRANCAS	NEGRAS
1.P4R	P4R	2.C3BR	C3BD

3.B5C   P3D

Esta defesa deixa as negras com jogo amarrado.

4.P4D!   B2D   5.C3B   C3B

Se 5....PxP; 6.CxP, C3B; 7.BxC!, PxB; 8.D3B! e as brancas estão melhores, por exemplo 8....B2R; 9.P5R!, PxP; 10.CxP etc.

6.0-0   B2R

51

(Posição após 6....B2R)
Outra continuação é 7.B5C!, PxP; 8. CxP, 0-0; 9.BxCD, PxB; 10.D3D, C5C; 11.BxB, DxB; 12.P4B!, P4BR; 13. TD1R!

As brancas têm melhor jogo. Seu desenvolvimento agressivo permite maior liberdade de ação.

(f) Defesa Clássica.

BRANCAS	NEGRAS	BRANCAS	NEGRAS
1.P4R	P4R	2.C3BR	C3BD

3.B5C   B4B

52

(Posição após 3....B4B)
O inconveniente desta defesa é que o bispo-rei das negras constitui um alvo para o ataque.

4.0-0	CR2R	9.T1R+	B3R
5.P3B	B3C	10.BxC+	PxB
6.P4D	PxP	11.D4T	D3D
7.PxP	P4D	12.B5C	0-0
8.PxP	CRxP	13.C3B	....

Devido à desorganização dos peões negros, as brancas têm estrategicamente jogo ganho.

(g) Defesa Bird

BRANCAS	NEGRAS	BRANCAS	NEGRAS
1.P4R	P4R	2.C3BR	C3BD
	3.B5C	C5D	

53

(Posição após 3....C5D)
Esta defesa é fraca. A oferta de troca desperdiça tempo e permite que as brancas disponham de clara iniciativa no flanco-rei.

4.CxC	PxC	9.C3B	P3BD
5.0-0	P3CR	10.B4TD	P3D
6.P3D	B2C	11.B3R!	B2C
7.P3BD	C2R	12.D3B	0-0
8.PxP	BxP	13.B3C	R1T
	14.D3C	....	

As brancas estão superiores, pois as negras têm um jogo defensivo difícil.

(h) Defesa Schlieman

BRANCAS	NEGRAS	BRANCAS	NEGRAS
1.P4R	P4R	2.C3BR	C3BD
	3.B5C	P4B	

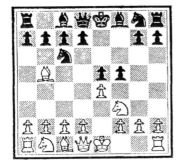

54

(Posição após 3....P4B)
O contra-ataque das negras é arriscado e convida as brancas a uma viva reação.

4.C3B!	PxP	8.BxP+	B2D
5.CDxP	P4D	9.D5T+	R2R
6.CxP!	PxC	10.D5R+	B3R
7.CxC	PxC	11.BxT	DxB

As brancas têm vantagem material e o rei das negras está exposto ao ataque.

69

DEFESA FRANCESA

A partir deste ponto, passaremos a estudar as aberturas em que as negras respondem 1.P4R com lances diferentes de 1....P4R, procurando lutar pelo contrôle do centro, de outras formas.

Nesta abertura, por exemplo, as negras respondem 1.P4R com 1....P3R e então, após 2.P4D, continuam com P4D. É uma defesa de sólidas virtudes, porém com o inconveniente de que em muitas variantes o bispo-dama desempenha papel secundário.

Isto explica porque a linha simplificadora 3.PxP, PxP é muito pouco utilizada atualmente. A posição dos peões fica simétrica com feição de empate o bispo-dama das negras se libera. A maioria das variantes em que as brancas obtêm a iniciativa, compreendem o lance P5R, que mantém amarrado o bispo das negras e oferece possibilidades no flanco-rei.

(a) Variante McCutcheon

BRANCAS	NEGRAS	BRANCAS	NEGRAS
1.P4R	P3R	3.C3BD	C3BR
2.P4D	P4D	4.B5CR	B5C

As negras combatem vigorosamente pelo controle do centro. Se agora 5.PxP, DxP; 6.BxC, BxC +; 7.PxB, PxB; 8.C3BR, C2D; 9.P3C, P3C; 10.B2C as negras podem continuar com 10....B3T!, pois se 11.C4T, D4TD!; 12.BxT, DxPB + e ganham.

5.P5R	P3TR		

Forçando. Se agora 6.PxC, PxB; 7.PxP, T1C recapturando o peão com vantagem.

6.B2D	BxC	7.PxB	C5R
	8.D4C	P3CR	

70

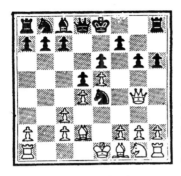

55

(Posição após 3....P3CR)
Agora as brancas experimentam um sacrifício especulativo para preservar seu valioso bispo-dama, pois se 9.B3D, CxB; 10.RxC, P4BD com bom jogo para as negras.

| 9.B1B!? | CxPBD | 11.PxP | D2B |
| 10.B3D | P4BD | 12.B3R | C2D |

Com 13.D4D! *as brancas mantêm a iniciativa e seu par de bispos lhes assegura substanciais possibilidades de ataque.*

(b) Variante 4....B2R

BRANCAS	NEGRAS	BRANCAS	NEGRAS
1.P4R	P3R	3.C3BD	C3BR
2.P4D	P4D	4.B5CR	B2R

Outra maneira de combater pelo centro. As brancas podem investir com 5.BxC, BxB; 6.P5R, mas após 6....B2R; 7.D4C, 0-0; 8.0-0-0, P4BD! as negras têm bom contrajogo. Por exemplo: 9.PxP, C3B; 10.P4B, P4B; 11.D3T, D4T!; 12.CR2R, BxP; 13.P4CR, P5D; 14.C1CD, C5CD e as negras têm a iniciativa.

5.P5R	CR2D	7.D2D	0-0
6.BxB	DxB	8.P4B	P4BD
	9.C3B	C3BD	

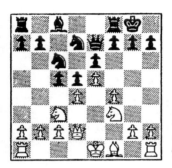

56

(Posição após 9....C3BD)

As negras atacaram o centro com ....P4BD e pretendem intensificar o ataque com .... P3B.

Se agora 10.P3CR, P3B; 11.PRxP, PxP! como na linha principal, com jogo promissor para as negras.

| 10.0-0-0 | P3B | 12.P3CR | PxP |
| 11.PRxP | PCxP! | 13.CRxP | C3C |

Jogo igual. As brancas podem ter melhor desenvolvimento, mas as negras têm linhas abertas e uma poderosa massa central de peões.

(c) Ataque Alekine.

BRANCAS	NEGRAS	BRANCAS	NEGRAS
1.P4R	P3R	4.B5CR	B2R
2.P4D	P4D	5.P5R	CR2D
3.C3BD	C3BR	6.P4TR!	....

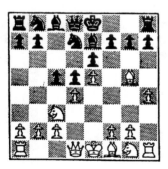

57

(Posição após 6.P4TR!)

As negras não podem aceitar o ousado peão oferecido. Após 6....BxB; 7.PxB, DxP; 8.C3T, D2R; 9.C4B, C1B; 10.D4C, as brancas têm uma vantagem decisiva em desenvolvimento.

Se agora 6....P3BR; 7.D5T+!, P3CR; 8.PxP!, PxD; 9. PxB ganhando de volta a dama com final muito superior. Ou 8....CxP; 9.D2R! com forte pressão sobre o peão atrasado.

| 6.... | P4BD! | 7.BxB | RxB! |

Após 7....DxB; 8.C5C! as negras tem jogo difícil.

| 8.D4C | R1B | 10.DxPD | D3C! |
| 9.C3B | PxP! | 11.DxD | PxD |

As negras solaparam o centro das brancas.

| 12.0-0-0 | C3BD | 13.T1R | P5D! |

As negras têm excelente jogo, pois após movimentarem o cavalo atacado elas podem continuar com ....TxP.

(d) Variante ....PxP

BRANCAS	NEGRAS	BRANCAS	NEGRAS
1.P4R	P3R	2.P4D	P4D
	3.C3BD	C3BR	

58

(Posição 3....C3BR)

Se as brancas acabam com a tensão no centro por meio de 4.P5R; seguir-se-ia 4....CR2D; 5.P4B e as negras podem contra-atacar com 5....P4BD!, liquidando o valioso peão-dama das brancas.

| 4.B5CR | PxP |

Esta continuação descolorida deixa as brancas com posição mais agressiva.

| 5.CxP | B2R | 6.BxC | BxB |

Da mesma forma após 6....PxB as brancas têm desenvolvimento mais promotedor: 7.C3BR, P3C; 8.B4B!, B2C; 9.D2R, P3B; 10.0-0-0, D2B; 11.R1C, C2D; 12.B6T!, 0-0-0; 13.BxB +, RxB; 14.P4B! a posição de peões das negras está enfraquecida e elas expostas ao ataque.

7. C3BR   C2D   8. P3B!   D2R

Ou 8....0-0; 9.D2B, P4R; 10.0-0-0!, PxP; 11.CxP, BxC; 12.TxB, D2R; 13.P4BR, C4B; 14.CxC, DxC; 15.B3D quando as brancas têm esplendido desenvolvimento e boas possibilidades de ataque.

9. D2B	P4B	12. BxB +	CxB
10. PxP	CxP	13. 0-0-0	0-0-0
11. B5C +	B2D	14. D4T	R1C

O jogo das brancas é mais confortável e tem vantagem para o final com maioria de peões na ala da dama.

(e)   Variante 3....B5C

BRANCAS	NEGRAS	BRANCAS	NEGRAS
1. P4R	P3R	2. P4D	P4D
	3. C3BD	B5C	

59

(Posição após 3....B5C)
Cravando o cavalo das brancas, as negras contra-atacam e assim mantêm a luta pelo controle do centro. 4.PxP seria fraco face a 4....PxP, liberando o bispo-dama das negras.

As brancas podem ignorar a ameaça das negras, mas os resultados não são muito favoráveis, por exemplo: 4.P3TD,

BxC +; 5.PxB, PxP; 6.D4C, C3BR; 7.DxPC, T1C; 8.D6T, P4B ou 4.D4C, C3BR; 5.DxPC, T1C; 6.D6T, P4B. Em qualquer caso as negras têm forte contrajogo.

4.P5R	P4BD	5.P3TD!	....

A melhor resposta para o lógico contra-ataque das negras no centro.

5....	BxC +	6.PxB	....

Enquanto o bispo das negras tem campo limitado, o par de bispos das brancas torna-se poderoso — como na variante 6....C2R; 7.D4C, C4B; 8.B3D, P4TR; 9.D3T, PxP; 10. PxP, D5T; 11.DxD, CxD; 12.P3C etc.

6....	D2B	7.C3B	....

Após este lance, as negras podem responder 7.D4C com 7....P4B.

7....	C2R	8.P4TR!	B2D

Tentando contra-atacar. Se 8....P3CD; 9.P5T!, P3TR; 10.P4T!, B3T; 11.B5C +!, BxB; 12.PxB as brancas ficam com a iniciativa em ambos os flancos.

9.P5T	P3TR	

As brancas ameaçavam 10.P6T praticamente forçando ....P3CR e deixando as casas pretas das negras perigosamente fracas.

10.P4C!	B5T	12.P5C	TD1B
11.B3D	C2D	13.T2TD!	....

As brancas têm forte iniciativa no lado do rei, onde poderão abrir uma coluna antes ou após T1C. As negras pressionam o P2BD, mas as brancas possuem defesa adequada. O comandamento sobre o tabuleiro e a presença do par de bispos dão às brancas jogo superior.

(f) Variante 3.C2D

BRANCAS	NEGRAS	BRANCAS	NEGRAS
1.P4R	P3R	2.P4D	P4D
3.C2D	....		

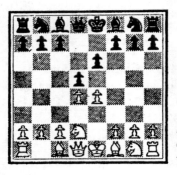

60

(Posição após 3.C2D)
O extraordinário terceiro lance das brancas é praticável apesar de o cavalo bloquear a saída do bispo-dama. A idéia do lance é neutralizar 3....B5C, que vimos na variante anterior.

3....   P4BD

O lance clássico de libertação. As demais alternativas deixam as negras com jogo amarrado, por exemplo: 3....C3BR; 4.P5R, CR2D; 5.B3D, P4BD; 6.P3BD, C3BD; 7.C2R, PxP; 8.PxP etc... Ou 3....C3BD; 4.CR3B!, C3B; 5.P5R, C2D; 6.C3C, P3B; 7.PxP!, CRxP; 8.B5CD etc.

4.CR3B   P3TD!

Este lance deixa as negras com jogo mais confortável do que 4....C3BD; por exemplo: 5.PRxP, PRxP; 6.B5C!, B3D; 7.0-0, C2R; 8.PxP!, BxPB; 9.C3C, B3C; 10.B3R!, BxB; 11.BxC +!, PxB; 12.PxB e as brancas têm forte pressão sobre as casas pretas.

5.PRxP   PRxP   6.PxP   BxP

As negras possuem um peão-dama isolado, mas podem desenvolver rapidamente suas peças e abrir a diagonal para seu bispo-dama.

7.C3C	B2T!	10.B2R	D3D
8.B5CR	C3BR	11.0-0	C3B!
9.CD4D	0-0	12.B3R	B1C!

As negras têm possibilidades reais de ataque e uma bela iniciativa. Seu admirável desenvolvimento compensa a desvantagem do peão-dama isolado.

(g) Variante 3.P5R

BRANCAS	NEGRAS		BRANCAS	NEGRAS
1.P4R	P3R		2.P4D	P4D

3.P5R!?   P4BD!

Avançando seu peão-rei a 5, as brancas colocam uma cunha no flanco-rei, que entre outras coisas evita que o cavalo contrário ocupe sua melhor casa: 3BR. De um modo geral a intenção das brancas, ao avançarem o peão, é restringir o jogo contrário de forma permanente. Naturalmente as negras não se resignarão a ser sufocadas até a morte. Elas procurarão combater, minando o peão avançado das brancas por meio de ...P4BD.

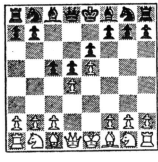

61

(Posição após 3....P4BD!)

Jogando ....P4BD — sempre o contra-ataque mais lógico contra o avanço P5R — as negras procuram lutar no flanco-dama e no centro para neutralizar a pressão que as brancas exercem no flanco-rei.

4.P3BD   C3BD   5.C3BR   D3C

Superficialmente 6.B3D parece uma excelente réplica, pois se ....PxP; 7.PxP, CxPD???; 8.CxC, DxC; 9.B5CD+,

ganhando a dama. Mas as negras jogam 6....PxP; 7.PxP,
B2D; restando às brancas somente o lance 8.B2R.

6.B2R	PxP		8.P3CD	C4B
7.PxP	CR2R		9.B2C	B5C +

A pressão das negras sobre o peão-dama é muito forte e
assim as brancas não podem cobrir o xeque.

10.R1B	0-0		11.P4C	C3T

*Após 12.T1C, as negras jogam ....P3B continuando o
combate pelo controle do centro. As possibilidades são idên-
ticas.*

DEFESA SICILIANA

Como a Defesa Francesa, a Defesa Siciliana imediatamente veta a intenção das brancas de escolherem a abertura. O característico 1....P4BD é mais agressivo do que o lance que assinala a Defesa Francesa e também mais arriscado. É recomendada para jogadores que amam partidas complicadas com possibilidades para ambos os lados.

É importante destacar que as brancas geralmente jogam muito cedo P4D tendo em vista a obtenção de maior espaço no centro para suas peças. Após as negras capturarem o peão-dama com seu peão-bispo-dama, a coluna bispo-dama fica semi-aberta (para ambos os jogadores). Jogando sua torre-dama — e algumas vezes a dama para ocupar a coluna bispo-dama, as negras podem exercer considerável pressão através da coluna.

Por outro lado, as brancas têm importantes possibilidades de ataque, avançando seu peão-bispo-rei: P4BR, obtendo muitas vezes uma poderosa posição para o meio-jogo, ameaçando P5R ou P5B.

(a) Variante do Dragão

BRANCAS	NEGRAS	BRANCAS	NEGRAS
1.P4R	P4BD	4.CxP	C3B
2.C3BR	C3BD	5.C3BD	P3D
3.P4D	PxP	6.B2R	....

Se 6.B3R, P3CR; 7.D2D, B2C; 8.0-0-0, 0-0; 9.B2R pretendendo um assalto de peões no flanco-rei. Contudo, após 9....CxC; 10.BxC, D4T as negras têm bom contrajogo.

6....	P3CR	7.B3R	B2C

8.0-0   0-0

Agora o lance simplificador 8. ...C5CR?, parece tentador, pois se 9.BxC, BxB; 10.DxB?, CxC e as negras estão bem. Mas se, em lugar disso, as brancas continuam com 10.CxC!, ganham uma peça em qualquer caso.

| 9.C3C | B3R | 10.P4B | D1B! |

Importante para prevenir P5B, que produziria sérias complicações. Assim, após a alternativa 10....C4TD, poderia seguir-se 11.P5B, B5B; 12.CxC, BxB; 13.DxB, DxC; 14.P4CR!, C2D; 15.C5D! e as brancas têm forte iniciativa.

62

(Posição após 10....D1B)
Se as brancas jogam 11.P3TR (pretendendo P4CR e P5B), as negras reagem energicamente com 11....T1D! Então, se 12.P4C, P4D! ou 12.B3B, B5B!

As negras têm posição sólida com boas possibilidades no meio-jogo. Observe-se que o bispo em fianqueto exerce forte pressão ao longo da grande diagonal.

(b) Variante Scheveningen

BRANCAS	NEGRAS	BRANCAS	NEGRAS
1.P4R	P4BD	4.CxP	C3B
2.C3BR	C3BD	5.C3BD	P3D
3.P4D	PxP	6.B2R	P3R

7.0-0   P3TD

63

(Posição após 7....P3TD)
Compare esta formação de peões com a do diagrama 62. Os bispos das negras têm pouca mobilidade.

As brancas ainda podem continuar como se segue: 8.B3R, D2B; 9.P4B, B2R; 10.C3C, P4CD; 11.B3B, B2C; 12.D1R! e depois D3C com forte posição de ataque.

8.R1T	D2B	11.P4CR!	B2D
9.P4B	B2R	12.P5C	C1R
10.B3B	0-0	13.P4TD	C4T

As brancas continuam 14.P5B! com poderosa iniciativa, graças ao avanço dos seus peões do flanco-rei. A posição das negras está restringida e limitada a simples movimentos defensivos.

(c) Variante 2....P3R

BRANCAS	NEGRAS	BRANCAS	NEGRAS
1.P4R	P4BD	3.P4D	PxP
2.C3BR	P3R	4.CxP	C3BR

5.C3BD   ....

64

(Posição após 5.C3BD)

A posição das negras é difícil. Se jogam 5....B5C, seguir-se-á 6.P5R!, C4D; 7.B2D, CxC; 8.PxC, B2R; 9.D4C, com posição agressiva para as brancas.

| 5.... | C3B | 6.C4D-5C | .... |

O jogo das negras se torna difícil devido ao prematuro avanço do peão-rei. Se procuram evitar C6D + com 6.... P3D, a réplica 7.B4BR torna-se incomodativa: observe-se que 7....C4R? é falho devido a 8.D4D! ganhando um peão, enquanto 7....P4R; 8.B5C deixa as negras com um "buraco" em 4D.

6....	B5C	9.PxP	PxP
7.P3TD	BxC+	10.B3D	0-0
8.CxB	P4D	11.0-0	....

A posição das brancas é indiscutivelmente melhor. Seu par de bispos está em boas condições para o final e o peão-dama isolado das negras constituirá uma debilidade.

(d) Variante 2....C3BR

BRANCAS	NEGRAS	BRANCAS	NEGRAS
1.P4R	P4BD	2.C3BR	C3BR
	3.P5R	C4D	

65

(Posição após 3....C4D)
Esta linha de jogo é uma variação da Defesa Alekine — vide página 85. As negras permitem o ataque ao cavalo e o retiram, esperando que o peão contrário, avançando, se torne débil — uma esperança fútil.

| 4.P4D! | PxP | 6.B4BD! | C3BD |
| 5.DxP! | P3R | 7.D4R | C3C |

Nesta abertura o desenvolvimento antecipado da dama não é prejudicial porque a dama branca ocupa uma posição dominante e o desenvolvimento das negras está atrasado.

| 8.B3C | C4T | 10.PTxC | P4D |
| 9.C3B | CxB | 11.PxP e.p. | BxP |

As brancas estão superiores em desenvolvimento e dispõem de linhas abertas. Eis uma linha para a conquista da iniciativa: *12.0-0, 0-0; 13.T1D, D2R; 14.C5CD! B1C; 15.B3R* e as brancas devem ganhar um peão (sua principal ameaça é 16.BxC).

(e) Variante 2.C3BD

BRANCAS	NEGRAS	BRANCAS	NEGRAS
1.P4R	P4BD	3.P3CR	P3CR
2.C3BD	C3BD	4.B2C	B2C

66

(Posição após 4....B2C)
As brancas deliberadamente mantêm o jogo fechado, evitando P4D. Elas esperam tirar vantagem da sua melhor disposição para a manobra. Contudo, se as negras jogarem cuidadosamente, manterão equilibrada a partida.

| 5.P3D | P3R! | 6.B3R | D4T! |

Melhor que 6....C5D; 7.CD2R!, procurando desalojar o cavalo avançado com P3BD. (Se 7....CxC; 8.CxC, BxP; 9.TD1C, D4T +; 10.B2D, DxP; 11.TxB!, DxT; 12.B3BD!).

| 7.CR2R | C5D | 9.C1B | 0-0 |
| 8.D2D | C2R | 10.0-0 | P3D |

Jogo igual. As negras centralizaram seu poderoso cavalo--dama, diretamente apoiado pelo seu bispo em fianqueto. As brancas devem buscar o ataque no flanco-rei, por intermédio de P4B etc.

(f) Gambito de ala.

| BRANCAS | NEGRAS | BRANCAS | NEGRAS |
| 1.P4R | P4BD | 2.P4CD | .... |

Este lance constitui o Gambito de Ala ou o Gambito Siciliano, que objetiva a conquista de considerável avanço em desenvolvimento e poderoso centro de peões (pelo afastamento do peão-bispo-dama das negras).

| 2.... | PxP | 3.P3TD | P4D |

Enérgica reação central é a política mais indicada para as negras, contra este gambito. A resposta das brancas é virtualmente forçada, pois após 4.P5R?, C3BD; 5.P4D,

D2B; 6.C3BR, B5C, as negras têm vantagem de posição e material.
4.PRxP   DxP   5.C3BR   ....
As negras ameaçavam 5....D4R+.
5....   P4R   6.PxP   BxP

67

(Posição após 7....BxP)
O gambito transformou-se em deplorável fracasso, pois as negras têm vantagem material e melhor desenvolvimento.

As negras estão bem preparadas para enfrentar complicações. Por exemplo: 7.C3T, B2D!; 8.C4B, C3BD!; 9.C6C, D5R +; 10.B2R, T1D com muito bom jogo. Ou 7.C3T, B2D!; 8.B2C, C3BD; 9.C5CD, T1B!; 10.CxPT, CxC; 11.TxC, P5R!; 12.BxP, PxC; 13.PxP, B4BD! com ataque decisivo.

7.P3B   B4BD   9.C5CD   0-0!
8.C3T   C3BR   10.B2R   ....

Observe-se que 10.C7B pode ser respondido com 10....BxP +!

10....   P5R!   12.C7B   D4C
11.CR4D C3B   13.CxT   ....

Ou 13.CxC, DxP; 14.T1B, PxC; 15.CxT, C5C e as negras devem ganhar.

13..... DxP   14.T1B   C4R

As negras têm ataque decisivo, por exemplo: 15.P3D, B6TR; 16.PxP, CxP etc.

DEFESA CARO — KANN

Como a Defesa Francesa, a Defesa Caro-Kann (1.P4R, P3BD) permite ao adversário a construção de um largo centro de peões para depois desafiá-lo com 2....P4D. Mas, jogando 1....P3BD em lugar de 1....P3R, as negras conseguem evitar que, na maioria das variantes, seu bispo-dama fique aprisionado. Definitivamente, esta é uma linha interessante para jogadores que desejem posições sólidas, sem maiores oportunidades e complicações. Um jogador que deseje apenas o empate, evitando riscos, deve adotar esta defesa.

(a) Variante 3.C3BD com 4....B4B

BRANCAS	NEGRAS	BRANCAS	NEGRAS
1.P4R	P3BD	2.P4D	P4D

Observemos que as brancas têm pouco a ganhar com 3.P5R, B4B!; por exemplo 4.B3D, BxB; 5.DxB, P3R; 6.C3BR, D3C; 7.0-0, P4BD etc.

3.C3BD	PxP	6.C3B	C2D
4.CxP	B4B	7.P4TR	P3TR
5.C3C	B3C	8.B3D	....

68

(Posição após 8.B3D)

As brancas decidiram trocar os bispos, pois o bispo-dama das negras está muito bem situado. A troca acentua a vantagem em desenvolvimento das brancas e ganha tempo para o grande roque.

8....	BxB	11.0-0-0	D2B
9.DxB	P3R	12.R1C	0-0-0
10.B2D	CR3B	13.P4B!	P4B

As brancas continuam: 14.B3B! com indiscutível maior liberdade de ação, pois suas peças exercem forte pressão sobre o centro. Contudo, as negras não apresentam pontos fracos e estão bem dispostas para uma defesa cuidadosa.

(*b*)   Variante 3.C3BD com 4....C3B

BRANCAS	NEGRAS		BRANCAS	NEGRAS
1.P4R	P3BD		3.C3BD	PxP
2.P4D	P4D		4.CxP	C3B

5.CxC + ...

69

(Posição após 5.CxC +)

As negras sempre ficarão com uma desvantagem teórica representada pelo peão dobrado. As brancas, por outro lado, têm nítida superioridade de peões no flanco-dama, que eventualmente poderá traduzir-se em peão passado.

5....   PRxC

Ou se 5....PCxC; 6.C2R! com formação favorável para as brancas; por exemplo 6....B4B; 7.C3C, B3C; 8.P4TR, P3TR; 9.P5T, B2T; 10.P3BD, D3C; 11.B4BD etc.

6.C3B	B5CR	10.T1R	C2D
7.B2R	B3D	11.B2D	D2B
8.0-0	0-0	12.P3TR!	B4T
9.P4B!	T1R	13.B3B!	....

As brancas têm comandamento sobre o tabuleiro e seu peão passado em potencial (após um eventual P5D), concede-lhes marcante vantagem posicional.

(c) Variante 3.C3BD com 4....C2D

BRANCAS	NEGRAS
1.P4R	P3BD
2.P4D	P4D
3.C3BD	PxP

BRANCAS	NEGRAS
4.CxP	C2D
5.C3BR	CR3B
6.C3C	P3R

70

(Posição após 6....P3R)

Evitando 4....C3B as negras eliminam a possibilidade de ficarem com peão dobrado. Mas a sua posição apresenta sinais de uma futura incômoda inferioridade de movimentos. (O bispo dama não tem lance!).

7.B3D	B3D
8.0-0	0-0

9.D2R	D2B
10.C4R	B5B

O desenvolvimento das brancas é mais eficiente e elas dispõem de mais casas para suas peças.

(d) Variante 4.P4BD

BRANCAS	NEGRAS
1.P4R	P3BD
2.P4D	P4D

BRANCAS	NEGRAS
3.PxP	PxP
4.P4BD	....

Observe-se que 4.B3D, C3BD; 5.P3BD, C3B; 6.B4BR, P3CR; 7.C3B, B2C deixa as negras com jogo fácil.

4....	C3BR

5.C3BD	C3B

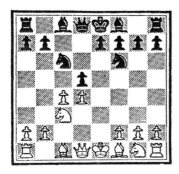

71

(Posição após 5....C3B)

A única esperança das brancas é conseguirem maior pressão sobre o centro — daí 6.B5C — mas as negras têm resposta adequada.

6.B5C	P3R	9.T1B	C5R!
7.C3B	B2R	10.BxB	DxB
8.P5B	0-0	11.B2R	T1D!

As negras têm as mesmas possibilidades, pois podem liberar-se após 12.0-0, P4R!

DEFESA ALEKINE

Este veemente contra-ataque é considerado prematuro, pois deixa as negras com partida difícil. Após 1.P4R, as negras jogam o abrupto 1....C3BR. A idéia é provocar o avanço dos peões centrais das brancas para que assim se tornem fracos. A teoria moderna não recomenda esta linha de jogo e em conseqüência tem sido preterida por outras consideradas mais sólidas.

(a) Variante dos Quatro Peões

BRANCAS	NEGRAS	BRANCAS	NEGRAS
1.P4R	C3BR	3.P4BD	C3C
2.P5R	C4D	4.P4D	P3D

5.P4B   PxP

As negras esperam abalar o largo centro de peões das brancas. A tentativa porém está fadada ao insucesso.

6.PBxP	C3B	9.C3B	D2D
7.B3R	B4B	10.B2R	0-0-0
8.C3BD	P3R	11.0-0	....

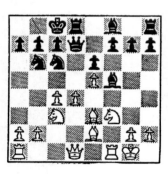

72

(Posição após 11.0-0)

O avanço 12.P5D é muito forte, por exemplo 11....B2R; 12.P5D!, PxP; 13. BxC, PTxB; 14.PxP, C5C; 15.C4D!, P3C; 16.CxB, PxC; 17.TxP!, CxPD (se 17....DxT; 18.B4C); 18.P6R!!, PxP; 19.TxC!, PxT; 20.B4C ganhando.

11....	P3B	14.BxC	CxC+
12.PxP	PxP	15.BxC!	PTxB
13.P5D!	C4R	16.C5C	....

As brancas têm ataque ganhador com D4T. Estão com grande vantagem em virtude da má colocação das peças contrárias.

(b) Variante dos Três Peões

BRANCAS	NEGRAS	BRANCAS	NEGRAS
1.P4R	C3BR	3.P4BD	C3C
2.P5R	C4D	4.P4D	P3D

73

(Posição após 4....P3D)

Agora as brancas resolvem trocar os peões — uma linha menos agressiva, porém mais segura que a estudada anteriormente.

5.PxP   PRxP

Aqui 5....PBxP é indiscutivelmente inferior: 6.P5D!, P3CR; 7.B3R!, B2C; 8.B4D! e a remoção do bispo em fianqueto quebra a espinha da posição das negras.

6.C3BD	C3B	9.CR2R!	B5C
7.B3R	B2R	10.0-0	T1R
8.B3D	0-0	11.P3TR	B4T

As brancas prosseguem com 12.D2D, ficando com posição promissora e mais livre.

(c) Variante 4.C3BR

BRANCAS	NEGRAS	BRANCAS	NEGRAS
1.P4R	C3BR	3.P4D	P3D
2.P5R	C4D	4.C3BR	....

74

(Posição após 4.C3BR)
Nesta variante, as brancas se desenvolvem calmamente. Contudo, o cavalo das negras termina pobremente postado em 3CD. Esta situação constitui um dos inconvenientes da defesa.

4....	B5C	8.PxP	PxP
5.B2R	C3BD	9.P3CD	B2R
6.0-0	P3R	10.B3R	0-0
7.P4B	C3C	11.C3B	P4D

De outra forma P5D expulsaria o cavalo-dama.

| 12.P5B | C2D | 13.P4CD! | .... |

Com esta maioria de peões no flanco dama, as brancas estão em vantagem posicional. Se as negras experimentam 13....CxPC, então 14.T1C recupera o peão e deixa as brancas com vantagem ainda maior — o peão-bispo passado.

CONTRAGAMBITO DO CENTRO

Indubitavelmente uma defesa inferior. A antecipada saída da dama negra já constitui perda de tempo; e outras perdas de tempo se seguirão, tudo como resultado de as negras responderem a 1.P4R com 1....P4D em lugar de prepararem êste seu lance de peão com 1....P3R (Defesa Francesa) ou 1....P3BD (Defesa Caro-Kann).

BRANCAS	NEGRAS	BRANCAS	NEGRAS
1.P4R	P4D	2.PxP	DxP
	3.C3BD	D4TD	

75

(Posição após 3....D4TD)

O desenvolvimento errado da dama negra deu ganho de tempo para as brancas tratarem do seu próprio desenvolvimento. A seguir novos tempos são ganhos à custa de outros ataques à dama.

4.P4D C3BR

Uma outra possibilidade seria 4....P4R; 5.PxP, DxPR +; 6.B2R seguido de 7.C3B expulsando a dama com ganho de tempo.

5.C3B B5C 6.P3TR! B4T

Ou 6....BxC; 7.DxB e as brancas ficam superiores em desenvolvimento e com vantagem posicional do par de bispos contra bispo e cavalo.

7.P4CR!   B3C   8.C5R!   P3B

Preparando a retirada para sua dama tendo em vista a ameaça C4B.

9.P4TR!   C5R   10.B2D   D3C

Igualmente mau seria 10....CxB; 11.DxC (ameaçando ganhar uma peça mediante P5T), P3B; 12.CxB, PxC; 13. B3D e os peões negros da ala do rei estão prejudicados de forma irreparável.

11.CxB	CxC	13.D2D	P3R
12.BxC	PTxC	14.0-0-0	....

As brancas continuam com 15.B2C e com seu par de bispos, além de maior liberdade de ação, estão com vantagem indiscutível. O jôgo das negras não apresenta compensação.

94

DEFESA NIMZOVITCH

Esta é outra defesa medíocre que tem pouca coisa a recomendá-la. O desenvolvimento imediato do cavalo-dama das negras (1....C3BD em resposta a 1.P4R) é inoportuno e normalmente conduz a substancial inferioridade no desenvolvimento.

(a) Variante 2....P4D

BRANCAS	NEGRAS	BRANCAS	NEGRAS
1.P4R	C3BD	2.P4D	P4D

76

(Posição após 2....P4D)
As brancas poderiam agora comprimir com 3P5R, mas as negras teriam oportunidade de retirar seu bispo a 4B. Em vista disto elas preferem outro caminho.

    3.C3BD   P3R

Após 3....PxP, as brancas rompem a posição inimiga com 4.P5D! Então 4....C4R daria oportunidade para recuperar o peão ou jogar um gambito com rápido desenvolvimento após 5.P3B!

4.C3B	B5C	5.P5R	BxC +
	6.PxB	C4T	

Agora as brancas têm amplas possibilidades de ataque.

95

7.P4TD	C2R	10.D4C	P5B
8.B3D	P3CD	11.B2R	C4B
9.C2D!	P4BD	12.C3B	....

As brancas dominam a partida e têm clara iniciativa. Seu bispo-dama pode ocupar uma forte posição em 3TD.

(b)   Variante 2.... P4R

BRANCAS	NEGRAS	BRANCAS	NEGRAS
1.P4R	C3BD	3.PxP	CxP
2.P4D	P4R	4.C3BD	B4B

Outra linha seria 4....C3BR, após o que as brancas obtêm muito boa situação com 5.P4B, C3B; 6.P5R, C1CR; 7.C3B, P3D; 8.B5C etc.

5.P4B	C3C	8.D2R	BxB
6.C3B	P3D	9.DxB	D2D
7.B4B	B3R	10.P5B	....

As peças brancas ocupam posições ativas traduzindo um dispositivo promissor. As forças negras estão dissociadas e não se vislumbra nenhum bom prosseguimento para elas.

DEFESA IUGOSLAVA

Esta linha de jogo (1....P3D em resposta a 1.P4R) é tão tímida, quanto a Defesa Alekine é audaciosa. As brancas mantêm clara superioridade em virtude de seu melhor desenvolvimento e maior comandamento sobre o tabuleiro.

BRANCAS	NEGRAS	BRANCAS	NEGRAS
1.P4R	P3D	2.P4D	C3BR

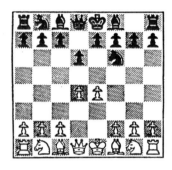

77

(Posição após 2....C3BR)
As negras contra-atacam o peão rei das brancas que não pode ser avançado. Conseqüentemente as brancas protegem seu peão ameaçado.

3.C3BD	P3CR	5.C3B	0-0
4.P4B!	B2C	6.B3D	P4B

As negras investem o flanco da formidável formação central de peões.

7.P5D	P3R	9.P5B!	B1B
8.PxP	BxP	10.0-0	C3B

O desenvolvimento das brancas é muito mais ativo e agressivo. Particularmente incômoda é a ameaça de obter um domínio permanente, mediante B5CR, seguido de C5D. As negras limitam-se a jogo passivo.

AS ABERTURAS DO PEÃO DAMA

Apesar de o Gambito da Dama ser encontrado em manuscritos do século quinze, por muitos séculos ele foi considerado como linha de importancia secundária.

Sua adoção ampla data do início deste século, ou talvez, provavelmente, cerca de 90% das variantes empregadas surgiram de 1920 para cá. Assim as principais aberturas que encontramos nesta seção — Defesa Nimzoíndia, Defesa Índia do Rei, Defesa Gruenfeld e Defesa Índia da Dama — até 1920, foram empregadas apenas esporadicamente. Mesmo a partir daquela data, elas aparecem incógnitas, esquecidas sob o rótulo comum de "Defesa Irregular".

Desde aquele tempo essas aberturas apresentam formas características, cada uma apresentando seus aspectos definitivos e problemas peculiares. Todas elas estão perfeitamente definidas no repertório das aberturas e assim o conhecimento de suas idéias básicas e possibilidades torna-se essencial para completar o cabedal indispensável ao bom jogador. Tendo em vista o exposto, organizamos o estudo que se segue.

GAMBITO DA DAMA

Desde o início do século, esta abertura, que nasce de 1.P4D, goza da preferência dos mestres. Ela é muito menos popular entre os enxadristas de força média, que apresentam dificuldades de ordem psicológica em o seu aprendizado. Quando jogam com as brancas, simplesmente esquecem o 1.P4D. Jogando com as negras, sentem-se perturbados quando o adversário inicia a partida com 1.P4D.

É claro que isto faz do Gambito da Dama uma arma formidável, técnica e psicológica. O jogador que o conhece particularmente apresenta-se vantajosamente face a seus adversários.

O Gambito da Dama torna-se uma arma mortal porque com ele as brancas obtêm maior liberdade de ação para suas peças. Como resultado, conseguem freqüentemente um decisivo comandamento sobre o tabuleiro. Algumas vezes exercem uma ação de leve estrangulamento sobre as forças negras; outras vezes, devido a sua mobilidade superior, as brancas ficam em condições de arrematar de forma brilhante.

Isto explica por que muitos jogadores receiam jogar com as negras contra o Gambito da Dama. Eles sabem devido a uma experiência funesta ou, talvez, pela própria reputação da abertura, que terão que se haver com uma linha de jogo perigosa. Assim, mesmo com as brancas, recusam-se a empregar o Gambito da Dama! Certo ou errado, eles receiam não poder manejá-lo de forma suficiente.

O Gambito da Dama se inicia com os seguintes lances:

| BRANCAS | NEGRAS | BRANCAS | NEGRAS |
| 1.P4D | P4D | 2.P4BD | .... |

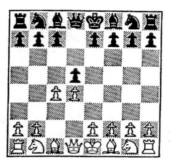

78

(Posição após 2.P4BD)
As brancas ameaçam obter um poderoso centro de peões com PxP. Se as negras jogam 2....PxP, as brancas podem ainda conseguir esse centro de peões.

As brancas oferecem um peão com 2.P4BD, constituind este lance o Gambito da Dama. Um gambito, como já sabemos, é uma abertura em que se oferece material tendo em vista o ganho de tempo para um melhor desenvolviment ou a obtenção de outras vantagens. Os gambitos do peão-rei, como o Gambito do Rei ou o Gambito Evans, apresentam um caráter altamente especulativo. O Gambito da Dama em muitas das suas variantes não constitui propriamente uma aventura, pois as brancas geralmente podem recuperar o peão (por exemplo, se as negras jogam 2... PxP, as brancas podem recuperar imediatamente o peão con 3.D4T +, se o desejarem). Assim, verificamos que pouco há de especulativo neste gambito. Por outro lado, 2.P4BI encerra uma ameaça definitiva. *As brancas momentaneamente ameaçam capturar o peão central do adversário.* Livrando-se do peão-dama das negras, elas podem avançar seu peão-rei a 4R, obtendo um excelente centro de peões e deixando as negras com menor espaço (as brancas, na posição do diagrama 78, ameaçam 3.PxP, DxP; 4.C3BD seguido de 5.P4R com posição dominante).

Nosso problema mais importante é: *como as negras poderão manter-se no centro?* Manter um pé no centro é essencial para as negras. A perda do centro permitirá o controle do tabuleiro por parte das brancas (aliás, isto as brancas esperam conseguir quando seu adversário se revela pouco senhor das ciladas que a abertura oferece).

O escopo desse nosso estudo é justamente familiarizar o jogador de xadrez com os esquemas básicos que devem ser adotados por ambos os lados. Veremos o que as brancas pretendem e o que as negras poderão fazer para neutralizar as ameaças.

Após esta seção ter sido estudada, acreditamos que o leitor se sentirá capaz de jogar o Gambito da Dama Recusado, com razoável confiança.

GAMBITO DA DAMA RECUSADO

Para garantirem sua permanência no centro, as negras devem apoiar seu peão-dama *com um movimento de peão.* Então, se as brancas jogam PxP, as negras respondem ....PxP. Desta forma elas mantêm um peão em 4D e conseguem um sólido pé no centro. As negras têm dois lances de apoio de peão que respondem por esse propósito: 2....P3R (tratado nesta seção) e 2....P3BD (vide pág. 119). Vejamos as conseqüências de 2....P3R

2....   P3R

79

(Posição após 2....P3R)

As negras agora estão firmes no centro, mas um novo problema deve ser resolvido: como desenvolver o bispo-dama?

Jogando ....P3R as negras fecharam a diagonal de seu bispo-dama. A peça está solidamente encerrada pelo P3R. A presença desse peão em 3R é motivo para que o desenvolvimento do bispo-dama normalmente constitua um problema no Gambito da Dama.

É esta séria perda de mobilidade, muitas vezes, a responsável pelo fracasso das negras. Quando elas não conseguem retirar seu bispo, o desenvolvimento se ressente para o resto da partida, deixando as brancas com uma vantagem que pode se prolongar até o final da partida. Porém, o pior é que muitos jogadores, quando com as negras, não se advertem do perigo que isto representa!

Contudo, identificado o problema, como resolvê-lo? Há dois caminhos indicados: (a) procurar realizar ....P4R que abre a diagonal do bispo-dama, ou (b) efetuar o fianqueto por intermédio de ....P3CD ou mesmo P4CD. De um modo geral são estes os caminhos indicados. Se nenhum deles for realizável, é comum o bispo-dama permanecer encerrado sem mobilidade, conduzindo muitas vezes à perda da própria partida.

Nos 3 diagramas seguintes mostraremos alguns casos em que não foi possível realizar o lance liberador.

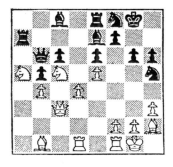

80

As negras podem esforçar-se de todos os modos, mas o bispo-dama permanecerá encerrado, prisioneiro de seus próprios peões das casas brancas (PR, PBD, PCD).

Cada variante específica procura resolver o problema, mas as brancas têm outros trunfos na mão que exigem cuidados por parte do adversário.

Assim, elas podem muitas vezes situar seu cavalo-rei em 5R de forma muito efetiva. O cavalo passa a ocupar um posto avançado magnífico, irradiando seu poder em todas as direções. Um exemplo disso, podemos ver no diagrama 81. A dama, o cavalo e o bispo das brancas apontam perigosamente para o flanco-rei, enquanto a torre, postada em 3BD, se prepara para alcançar 3TR ou 3CR.

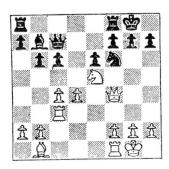

81

Se as negras experimentam 1....C2D (para eliminar o cavalo adversário), poder-se-á seguir: 2.T3TR, P3TR; 3.TxP!!, PxT; 4.D3C +, R1T; 5.C6C +!, PxC; 6.DxD, ou 3....P3B; 4.T8T +!!, RxT; 5.D4T +, R1C; 6.D7T mate.

Outro perigo (particularmente ilustrado em o diagrama 81) decorre das amplas possibilidades do bispo-rei das brancas em operar segundo a diagonal 1CD-7TR, apontando diretamente para o coração do roque adversário. Esta ameaça se intensifica, tornando-se drástica, quando também a dama se encontra sobre a mesma diagonal, como é o caso do diagrama 82.

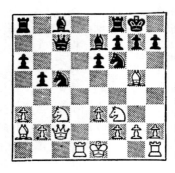

82

As brancas jogam 1.B1C (com a ameaça de 2.BxC, BxC, BxB; 3.DxP mate). As negras devem responder 1....P3C, porém seguir-se-á 2.BxC, BxB; 3. C4R!, B2R, 4.P4CD! e as brancas ganham uma peça.

Finalmente, devemos recordar que o segundo lance das brancas no Gambito da Dama Recusado (2.P4BD), muitas vezes permite a abertura da coluna bispo-dama, que passa a ser ocupada pela torre-dama de forma poderosa (um exemplo ocorre na pág. 107). As negras devem considerar esta possibilidade e o melhor caminho para neutralizá-la será realizar cedo o avanço ....P4BD, que assegura contrajogo para sua torre na coluna aberta.

Vimos, portanto, que são inúmeros os perigos que as negras enfrentam, variados e potentes. Mas não há razão para desespero. Se as negras desconhecem os perigos, poderão facilmente sucumbir. Caso contrario, perfeitamente avisadas, poderão tomar suas contramedidas em tempo útil.

(a) Defesa Ortodoxa

BRANCAS	NEGRAS	BRANCAS	NEGRAS
1.P4D	P4D	2.P4BD	P3R

As brancas devem optar pelo desenvolvimento de um dos seus cavalos. 3.C3BR é menos correto, pois pode conduzir às Variantes (e), (f) ou (g), que permitem um jogo mais fácil para as negras, que 3.C3BD.

3.C3BD   C3BR   4.B5C   ....

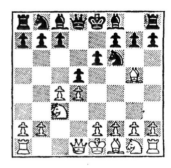

83

(Posição após 4.B5C)

Jogando 4....CD2D, as negras montam uma das mais populares armadilhas existentes do xadrez: 5.PxP, PxP; 6. CxP??, CxC!!; 7.BxD, B5C +; 8.D2D, BxD +; 9.RxB, RxB e as negras ganharam uma peça!

4....   CD2D

É indiferente 4....CD2D ou 4....B2R. Mas se elas desejam entrar na Cambridge Spring — Variante (c), devem jogar ....CD2D.

5.P3R   B2R   6.C3B   0-0

7.T1B!   ....

O lance de torre exerce uma ação retardadora sobre o desenvolvimento do adversário, e prepara a pressão dessa peça sobre a coluna bispo-dama.

7....   P3B

Temporariamente neutralizando a pressão da torre branca sobre a coluna-bispo-dama. Naturalmente, as negras mantêm-se em condições de realizar posteriormente o ....P4B.

107

84

(Posição após 7....P3B)

As negras devem encarar seriamente o problema de desenvolvimento do seu bispo-dama. Observe-se que no momento ele está imobilizado!

    8.B3D ....

 Eis uma posição crucial em que as negras podem ser facilmente induzidas ao erro. Certa partida continuou, por exemplo: 8....P3CD?; 9.PxP, CxP; 10.CxC, PBxC; 11.BxB, DxB; 12.T7B!, D5C +; 13.D2D, DxD +; 14.RxD, P3TD; 15.TR1BD e as brancas estrategicamente têm jogo ganho.

 Também o preparo do fianqueto dá às brancas melhores perspectivas: 8....P3TR; 9.B4T, PxP; 10.BxP, P4CD; 11.B3D, P3T; 12.0-0, P4B; 13.P4T! (forçando o enfraquecimento dos peões da ala da dama), P5B; 14.B1C, C4D; 15. BxB, DxB; 16.P3CD! e as negras ficam com um peão fraco na ala da dama.

  8.... PxP   9.BxPB C4D

 As negras cedem o centro na esperança de liberarem sua acanhada posição, por meio de diversas trocas — e também procurando, com isso, liberar seu bispo.

  10.BxB DxB   11.0-0 ....

 As brancas podem evitar a troca dos cavalos com 11.C4R, mas após 11....CR3B; 12.C3C, P4R! (liberando o bispo!) as negras ficam bem.

  11.... CxC   12.TxC P4R

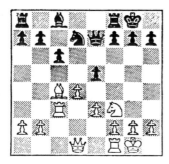

85

(Posição após 12....P4R)

Finalmente o lance libertador ....P4R, que assegura o desenvolvimento do bispo.

No caso de 13.PxP, CxP; 14.CxC, DxC; 15.P4B, as negras podem continuar com 15....D5R!; 16.B3C, B4B!; 17.D5T, P3CR; 18.D6T, TD1D etc.

     13.D1C ....

Com este lance, as brancas continuam mantendo alguma vantagem em espaço. Se agora 13....P5R; 14.C2D, C3B; 15.P4CD!, P3TD; 16.TR1B, B5C; 17.P4TD e as brancas têm bom jogo explorando a coluna bispo-dama, após P5C etc.

Provavelmente melhor para as negras seria 13....PxP; 14.PxP, C3C; 15.B3C, D3B; 16.T1R, B3R; 17.BxB, PxB; 18.T3B-3R, TD1R. *As brancas ainda dispõem de mais espaço para suas peças, mas as negras completaram seu desenvolvimento e têm uma forte casa para seu cavalo em 4D.*

(b) Variante da Troca

BRANCAS	NEGRAS	BRANCAS	NEGRAS
1.P4D	P4D	4.B5C	CD2D
2.P4BD	P3R	5.P3R	P3B
3.C3BD	C3BR	6.PxP	PRxP

109

As brancas irão explorar mais tarde esta troca, porém as negras com isto conseguem abrir uma diagonal para seu bispo-dama.

7.B3D   B2R

Planejando liberar seu jogo com 8....C5R!

8.D2B!   ....

86

(Posição após 8.D2B)
O lance das brancas evitou 8....C5R? que agora seria respondido com 9.BxB ganhando um peão. Assim as negras devem procurar outro caminho para a sua libertação.

As brancas planejam jogar TD1C em seu devido curso, seguido de P4CD e P5C. Se as negras trocam os peões (....PBxPC) enfraquecem seus peões-dama e cavalo-dama; além do domínio das brancas na coluna aberta bispo-dama.

Por outro lado, se as negras não reagem contra este ataque de peões e permitem às brancas jogar PCxPB, ficarão com seu peão-bispo-dama atrasado, justamente na coluna aberta. Este peão seria uma fraqueza permanente para a parte final da luta.

Vejamos algumas possibilidades típicas: 8....C4T; 9.BxB, DxB; 10.CR2R, P3CR; 11.0-0, P4BR; 12.TD1C, 0-0; 13.P4CD!, P3TD; 14.P4TD, P5B! (contrajogo no flanco--rei); 15.CxPB, CxC; 16.PxC, TxP; 17.C2R, T3B; 18.P5C, PTxP; 19.PxP, C1B; 20.PxP, PxP. As negras ficam com seu peão-bispo-dama atrasado.

Ou 8....C1B; 9.C3B, C3R; 10.B4T, P3CR; 11.0-0, 0-0;
12.TD1C, C2C; 13.P4CD!, B4B (livrando-se do problema
original); 14.P5C, BxB; 15.DxB, C4B; 16.PxP, CxB; 17.
CxC, PxP. Novamente as negras ficam com seu peão-bispo-
-dama-atrasado.

8....	0-0	9.C3B	T1R
	10.0-0	....	

Ainda é muito cedo para 10....C5R?, pois então 11.BxC!
ganha um peão (o peão-torre-rei está desprotegido).

| 10.... | C1B | 11.TD1C | C5R |

Se agora 12.BxC, BxB as negras estão em segurança (seu
peão-torre-rei está protegido).

12.BxB   DxB

87

(Posição após ....DxB)
Novamente as brancas estão em condições de desencadear seu ataque de peões: 13.P4CD, P3TD; 14.P4TD, CxC; 15.DxC seguido eventualmente de P5C com forte iniciativa.

(c) Defesa Cambridge Spring

| 1.P4D | P4D | 3.C3BD | C3BR |
| 2.P4BD | P3R | 4.B5C | CD2D |

Boa alternativa é 4....B5C, com idéias semelhantes às da
Defesa Nimzoíndia.

Após 4....CD2D, as brancas podem, se o desejarem, transpor para a Variante da Troca com 5. ou 6.PxP.

5.P3R   P3B   6.C3B   D4T

88

(Posição após 6....D4T)
Com este lance as negras cravam o cavalo-dama das brancas, explorando a ausência do bispo-dama. Observe-se que 7.PxP já não seria bom, pois as negras têm 7....CxP, intensificando a cravação.

7.C2D   ....

Tomando providências contra a cravação. As negras podem agora obter a igualdade com 7....B5C; 8.D2B, PxP (atacando o bispo-dama); 9.BxC, CxB; 10.CxP, BxC +; 11.DxB, DxD +; 12.PxD, R2R; 13.P3B, B2D; 14.TD1C, P3CD; 15.C5R, TR1BD seguido de ....P4B. Contudo, a linha principal é mais simples e mais promissora.

7....	PxP	10.T1B	C4D!
8.BxC	CxB	11.B3D	CxC
9.CxP	D2B	12.PxC	....

Não 12.TxC?, B5C ganhando a qualidade.

| 12.... | B2R | 14.P4B | P3CR |
| 13.0-0 | 0-0 | 15.C5R | P4BD |

A posição é aproximadamente igual. As brancas com jogo mais livre, as negras com o par de bispos.

(d)   Defesa Lasker

BRANCAS	NEGRAS	BRANCAS	NEGRAS
1.P4D	P4D	5.P3R	0-0
2.P4BD	P3R	6.C3B	P3TR
3.C3BD	C3BR	7.B4T	C5R!
4.B5C	B2R	8.BxB	DxB

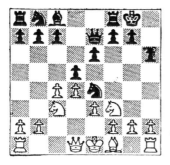

89

(Posição após 8....DxB)

As negras empenham-se em trocar e simplificar para liberar o jogo.

As negras conseguiram uma posição satisfatória, por exemplo: 9.CxC, PxC; 10.C2D, P4R! E se 11.CxP?, PxP; 12.PxD??, T1D e as negras ganham uma peça. Ou se 9.D2B, CxC; 10.DxC, PxP!; 11.BxP, P3CD; 12.0-0, B2C; 13.B2R, T1B!; 14.TR1D, P4BD e as negras estão bem.

| 9.PxP | CxC | 10.PxC | PxP |

Finalmente bispo foi liberado.

| 11.D3C | T1D | 13.BxP | C3B |
| 12.P4B | PxP | 14.D3B | B5C |

90

(Posição após 14....B5C)

O bispo das negras desenvolveu-se com a ameaça de 15....BxC; 16.PxB, CxP (ou 16....TxP).

| 15.0-0 | BxC | 16.PxB | D3B |

A posição das negras é satisfatória. Todas as peças têm bom jogo.

113

(e) Variante de Praga

1. P4D   P4D   3. C3BD   C3BR
2. P4BD   P3R   4. C3B   P4B

Menos enérgico, o quarto lance das brancas permitiu ao adversário investir vigorosamente o centro.

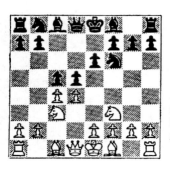

91

(Posição após 4....P4B)
*Se agora 5.B5C, PBxP; 6.CRxP, P4R;
7.C3B, P5D; 8.C5D, B2R; 9.CxB,
DxC com bom jogo para as negras.*

5. PBxP   CxP!

Após 5....PRxP, as negras depois de PxP, ficariam com o peão-dama isolado, como na Variante (h).

6. P4R   CxC   8. PxP   B5C +
7. PxC   PxP   9. B2D   BxB +

Como na Variante anterior, as negras liberam seu jogo trocando peças.

10. DxB   0-0   12. 0-0   P3CD
11. B4B   C3B   13. TR1D   B2C

As negras desenvolveram seu bispo-dama satisfatoriamente. Após 14.D4B, T1B ficam com bom jogo. As brancas têm poderoso centro de peões e as negras maioria no flanco dama. Ambos os lados têm boas perspectivas para o meio--jogo.

114

(f) Variante Duras

BRANCAS	NEGRAS	BRANCAS	NEGRAS
1.P4D	P4D	3.C3BR	C3BR
2.P4BD	P3R	4.B5C	P3TR!

Explorando o 'fato de o terceiro lance das brancas não ter sido tão forte como C3BD.

O lance branco que se segue é praticamente forçado, pois se 5.B4T, B5C +; 6.C3B, PxP! e as negras podem manter o peão do gambito em todas as variantes. Exemplo: se 7.P4R?, P4CR! ganhando o peão rei (o que tinham em vista realizando 4....P3TR!). Se 7.P3R, P4CD! (objetivo de 5....B5C+). Finalmente, se 7.D4T+, C3B; 8.P3TD, BxC+; 9.PxB, D4D!; 10.P3R, P4CD e novamente as negras mantêm o peão.

5.BxC   DxB

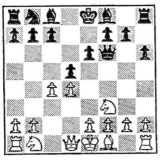

92

(Posição após 5....DxB)

As negras têm vantagem posicional do par de bispos contra bispo e cavalo; mas a sua posição está um pouco amarrada.

6.D3C	P3B	10.B3D	C3B
7.CD2D	C2D	11.CxC+	DxC
8.P4R	PxPR	12.0-0	B3D
9.CxP	D5B	13.TR1R	0-0

Jogo igual. As brancas têm posição mais livre, porém as peças negras têm considerável potencial, particularmente se conseguirem liberar seu bispo-dama.

(*g*) Variante Vienense

BRANCAS	NEGRAS	BRANCAS	NEGRAS
1. P4D	P4D	4. B5C	B5C+
2. P4BD	P3R	5. C3B	PxP
3. C3BR	C3BR	6. P4R	P4B

Esta reação central conduz a uma partida muito excitante. As negras novamente se beneficiam do lance C3BR, menos enérgico que C3BD.

Partida extremamente complicada resulta de 7. P5R, mas as negras, segundo tudo indica, se saem bem. Por exemplo: 7.... PxP; 8. PxC, PxP; 9. D4T+, C3B; 10. 0-0-0, PxB; 11. CxPD, BxC!; 12. PxB, B2D!; 13. CxC, D2B!; ou 7.... PxP; 8. D4T+, C3B; 9. 0-0-0, B2D!; 10. C4R, B2R; 11. PxC, PxP; 12. B4T, TD1B!; 13. R1C, C4T; 14. D2B, P4R! e as negras têm compensação pela peça a menos (seus peões estão poderosos).

       7. BxP ....

As negras podem jogar agora 7.... PxP; 8. CxP, BxC +; 9. PxB, CD2D com jogo seguro. Contudo 7.... PxP; 8. CxP, D4T parece muito mais arriscado; 9. BxC!, BxC +; 10. PxB, DxPB +; 11. R1B, DxB +; 12. R1C, C2D (não 12.... PxB?; 13. T1B ganhando); 13. T1B, D3T; 14. BxPC e as brancas ficam com terrível iniciativa.

| 7.... | BxC +! | 8. PxB | D4T! |

93

(Posição após 8.... D4T)

As negras devem ganhar um peão, por exemplo 9. D2B, (ou 9. D3D) CxP! etc. Ou 9. BxC, DxPB +; 10. C2D, PxB; 11. PxP, C2D etc.

Esta linha não é recomendada para as brancas, pois as negras ganham material.

(h) Defesa Tarrash

1. P4D   P4D   3. C3BD   P4BD
2. P4BD   P3R   4. PBxP! PRxP

Pretendem as brancas onerar as negras com um peão--dama isolado (vide nono lance).

5. C3B   C3BD   6. P3CR! ...

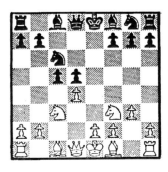

94

(Posição após 6.P3CR!)
As brancas irão fianquetar seu bispo-rei para exercerem maior ação sobre o fraco peão dama.

6. ...   C3B   8. 0-0   0-0
7. B2C   B2R   9. PxP!   ....

Este lance define a vantagem das brancas. O contragambito 9....P5D simplesmente deixa as negras com um peão a menos após 10.C4TD, B4B; 11.B4B, C5R; 12.P4CD!, B3B; 13.P5C, C2R; 14.B5R.

9. ...   BxP   11. B3R   C5R
10. C4TD B2R   12. T1B   ....

As brancas têm acentuada vantagem posicional, graças ao peão-dama isolado das negras.

Conclusão: após 3.C3BD, as melhores defesas para as negras parecem ser a Cambridge Spring, a Lasker e a Variante de Praga.

Após 3.C3BR, as negras ficam bem com a Variante Duras ou a Vienense.

DEFESA ESLAVA
2.... P3BD

Apoiando seu peão-dama com 2....P3BD, as negras têm o propósito de combater pelo centro, como no caso de 3.... P3R. Mas com 2....P3BD, o bispo-dama não fica interditado e assim, como veremos, é comum o desenvolvimento desse bispo a 4BR (ou 5CR) nesta linha de jogo.

Após 2....P3BD as negras freqüentemente aceitam o gambito no quarto lance, porque teoricamente poderão continuar a luta no centro com o seu bispo em 4BR.

As brancas geralmente tiram vantagem, por meio de seu P4R ou experimentando controlar o centro por outro processo qualquer.

A despeito do cedo ....P3BD, as negras geralmente tentam liberar o jogo no fim da fase da abertura ou no início do meio-jogo, realizando o avanço ....P4BD.

A Variante Semi-Eslava completa ....P3BD com ....P3R. O bispo-dama fica encerrado e é comum a tentativa de desenvolvimento via 2CD.

(a) Aceitação Retardada do Gambito

BRANCAS	NEGRAS	BRANCAS	NEGRAS
1.P4D	P4D	3.C3BR	C3B
2.P4BD	P3BD	4.C3B	PxP

Aqui 4....B4B parece lógico, mas após 5.PxP!, PxP; 6. D3C! as negras se encontram em dificuldades devido ao duplo ataque sobre seu peão-cavalo-dama e peão-dama.

Após 4....PxP as brancas podem procurar recuperar o peão do gambito diretamente com 5.P3R, P4CD; 6.P4TD, P5C (se 6....P3TD; 7.PxP, PBxP; 8.CxP etc.); 7.C2T, P3R; 8.BxP etc. Mas como, assim, o cavalo-dama ficaria fora do jogo, as brancas enveredam por outro caminho.

5. P4TD   B4B

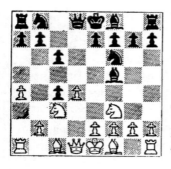

95

(Posição após 5....B4B)
As negras colimam seu grande sonho — o desenvolvimento do seu bispo-dama.

6. C5R   ....

A alternativa é 6.P3R, P3R; 7.BxP, B5CD (tendo em vista um eventual P4R); 8.0-0, 0-0; 9.D2R. Agora as negras podem tentar impedir P4R ou aceitá-lo como inevitável. Assim 9....C5R; 10.B3D! (interessante sacrifício de peão), BxC (se 10....CxC; 11.PxC, BxP; 12.T1C e as brancas recuperam o peão); 11.PxB!, CxPBD; 12.D2B, BxB; 13. DxB, C4D; 14.B3T com magnífico desenvolvimento pelo peão.

Ou 9....B5C; 10.P3T, BxC; 11.DxB, CD2D; 12.T1D, (não P4R imediatamente, devido a ....Ç3C), P4R!; 13. P5D! (se 13.PxP, CxP!) BxC; 14.PxP!, P5R!; 15.D5B, B4R!; 16.PxC, D2B! e as negras estão bem.

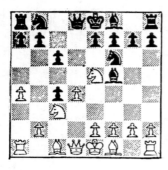

96

(Posição após 6.C5R)
As brancas pretendem colocar seu bispo-rei em fianqueto. Elas recuperarão seu peão do gambito por intermédio do seu cavalo-rei.

120

6.... CD2D

Aqui 6....P3R parece plausível, mas após 7.P3B! o bispo-dama das negras fica em situação difícil, por exemplo: 7....B5CD; 8.CxP4B, 0-0; 9.B5C!, P4B; 10.PxP, DxD +; 11.RxD, BxP; 12.P4R!, B3CR; 13.C5R. As brancas jogarão CxB obtendo vantagem posicional do par de bispos contra cavalo e bispo.

7.CxP4B	D2B	9.PxP	CxP
8.P3CR!	P4R	10.B4B	C3B-2D

11.B2C ....

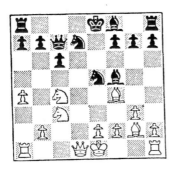

97

(Posição após 11.B2C)

As negras se desenvolveram livre e rapidamente, mas a cravação do seu cavalo promete complicações.

11....	P3B	13.D1B!	B3R
12.0-0	T1D	14.C4R!	....

Tendo em vista que após 14....BxC; 15.DxB, CxD; 16.BxD as brancas têm final muito favorável com seu par de bispos contra cavalo e bispo.

14.... B5CD 15.P5T! ....

A posição das brancas é muito forte. Se agora 15... BxC; 16.DxB, BxP??; 17.D6R +, R1B; 18.TR1D! e a pressão torna-se decisiva. Ou 15.... 0-0; 16.CxC, CxC; 17.C5B com pressão intensíssima.

(c) Semi-Eslava: Variante Clássica.

BRANCAS	NEGRAS	BRANCAS	NEGRAS
1.P4D	P4D	3.C3BR	C3B
2.P4BD	P3BD	4.C3B	P3R

        5.P3R   CD2D

Contra a "Stonewall" montada após 5....C5R; 6.B3D, P4BR, as brancas dispõem de 7.P4CR!!

        6.B3D   B3D

O conservador 6....B2R permite 7.0-0, 0-0; 8.P3CD, P3CD; 9.B2C com forte iniciativa para as brancas, por causa da forte posição agressiva do seu bispo-rei, contrastando com a passiva atitude do bispo-rei das negras.

    7.0-0   0-0   8.P4R!   ....

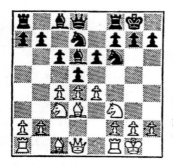

98

(Posição após 8.P4R!)

Vantajosamente as brancas abrem o jogo, pois se 8....PxPB; 9.BxP, P4R; 10. B5CR! com dispositivo mais agressivo.

  8....   PxPR   9.CxP   CxC

        10.BxC   C3B

Não 10....P4R?; 11.PxP, CxP; 12.CxC, BxC; 13.BxP +!, RxB; 14.D5T + ganhando um peão.

        11.B2B   ....

Indiscutivelmente as brancas têm jogo mais livre. Observe-se que o bispo-dama das negras ainda está encerrado.

(c) Semi-Eslava: Variante Merano

BRANCAS	NEGRAS		BRANCAS	NEGRAS
1.P4D	P4D		5.P3R	CD2D
2.P4BD	P3BD		6.B3D	PxP
3.C3BR	C3B		7.BxPB	P4CD
4.C3B	P3R		8.B3D	....

99

(Posição após 8.B3D)

As negras podem evitar o jogo complicado que se segue, jogando 8....B2C; 9.P4R, P5C; 10.C4TD, P4B; 11.P5R, C4D etc.

8.... P3TD   9.P4R   ....

Após o descolorido 9.0-0, P4B; 10.P4TD, P5C; 11.C4R. B2C, as negras ficam com jogo fácil (aliás isto sempre acontece quando elas conseguem desenvolver satisfatoriamente o bispo-dama).

9.... P4B!   10.P5R   PxP!

11.CxPC!   CxP!

Se 11....PxC; 12.PxC, D3C; 13.PxP, BxP; 14.0-0, B2C; 15.B4BR, 0-0, e o rei das negras não estaria perfeitamente seguro, devido à falta do seu PCR.

12.CxC   PxC   13.D3B   ....

100

(Posição após 13.D3B)

As aparências indicam as negras em séria situação, mas elas possuem um recurso engenhoso.

13.... B5C+! 14.R2R TD1C

Calmamente as negras ignoram 15.C6B, que pode ser respondido com 15....B2C.

| 15.D3C | D3D! | 17.PTxD | B3D |
| 16.C3B | DxD | 18.CxP | B2D |

As brancas recuperaram o peão e a posição igual. Contudo, esta variante é considerada muito complicada e perigosa para o jogador mediano.

(d) Semi-Eslava: Gambito Anti-Merano

| BRANCAS | NEGRAS | BRANCAS | NEGRAS |
| 1.P4D | P4D | 2.P4BD | P3BD |

        3.C3BR   C3B

Após 3....P3R as brancas podem proteger calmamente seu peão do gambito com 4.P3R — ou enveredar pela complexa alternativa 4.C3B!?, PxP; 5.P3R, P4CD; 6.P4TD, B5C; 7.B2D, P4TD; 8.PxP, BxC; 9.BxB, PxP; 10.P3CD, B2C!; 11.PxP, P5C; 12.B2C, C3BR e o poderoso das brancas é até certo ponto contrabalanceado pelos peões passados negros, na ala da dama.

| 4.C3B | P3R | 5.B5C!? | .... |

Evitando a Variante Merano se seguiria após 5.P3R, CD2D; 6.B3D, PxP; 7.BxP, P4CD etc

5.... PxP!?

Conduzindo a complicações perigosas, enquanto a alternativa mais calma 5....CD2D transpõem para linhas mais sossegadas como a Cambridge Spring, Defesa Ortodoxa ou a Variante da Troca.

Após o último lance das negras, 6.P3R é muito passivo devido a 6....P4C.

6.P4R   P4C   7.P5R   P3TR

Este e o próximo lance das negras são compulsórios.

8.B4T   P4C   9.CxPCR!   PxC

Se 9....C4D; 10.CxPB!, DxB; 11.CxT etc.

10.BxPC   CD2D

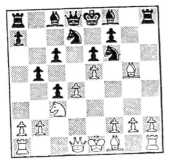

101

(Posição após 10....CD2D)

As negras devem devolver a peça a mais e estão com um peão a menos, mas as suas perspectivas são excelentes. Assim, se 11.D3B, B2CD; 12.B2R, D3C!, 13.PxC, P4B! com esplendida posição.

11.P3CR   D4T

Boa alternativa é 11....B2CD; 12.B2C, D3C; 13.PxC, P4B!; 14.PxP, BxP; 15.0-0, 0-0.

12.PxC   P5C   15.C4R   B3TD!

Posição excitante em que ambos os lados têm debilidades de ataque.

(e) Variante....B4B

BRANCAS	NEGRAS	BRANCAS	NEGRAS
1.P4D	P4D	3.C3BR	C3B
2.P4BD	P3BD	4.P3R	B4B

As negras evitam as complicações da Variante Merano e desenvolvem seu bispo-problema. Mas as brancas manobram para manter a iniciativa.

5.B3D	BxB	7.C3B	CD2D
6.DxB	P3R	8.0-0	B5C

Esperando — inutilmente — deter P4R. Se 8....B3D; 9.P4R com maior liberdade de ação para as brancas.
9.B2D!   ....

102

(Posição após 9.B2D!)
As brancas preparam uma armadilha: se as negras rocam imediatamente, então 10.CxP! ganha um peão.

9....   B4T   10.P4CD!   B2B

Não 10....BxP; 11.CxP!, CxC; 12.PxC, BxB; 13.PxPB! PxP; 14.CxB e as brancas estão nitidamente melhor.

11.P4R   PxPB   12.DxPB   ....

As brancas estão mais livres.

126

(f) Variante da Troca

BRANCAS	NEGRAS	BRANCAS	NEGRAS
1.P4D	P4D	4.C3BD	C3BR
2.P4BD	P3BD	5.C3B	C3B
3.PxP	PxP	6.B4B	....

103

(Posição após 6.B4B)
A troca das brancas no 3.º lance caracteriza a Variante — Se agora 6....P3R; 7.P3R, B2R e o desenvolvimento conservador das negras apresenta o inconveniente de bloquear a diagonal do bispo-dama.

6.... B4B!

As negras desenvolvem seu bispo-problema, embora surjam dificuldades mais à frente.

7.P3R P3R   8.D3C B5CD!

E se 9.C5R, D4T! contra-ataca vigorosamente.

9.B5CD 0-0!

As negras não receiam 10.BxC, pois então 10....BxC +; 11.DxB, T1B!, é forte (12.D3T, TxB; 13.DxP, B6D!).

| 10.0-0 | BxC | 12.BxPC | BxT |
| 11.BxC | BxPC | 13.TxB | .... |

As brancas devem retomar a qualidade, com perfeita igualdade posicional.

Sumário: as negras têm melhores oportunidades no Merano e na Anti-Merano de Variante Semi-eslava. A aceitação do gambito é menos recomendável para as negras, pois deixa as brancas com maior liberdade de ação.

127

CONTRAGAMBITO ALBIN

Como todos os gambitos praticados pelas negras, este também deve ser encarado com certa reserva. As negras entregam um peão no estágio inicial da partida na esperança de ganhar em tempo para um rápido desenvolvimento. As brancas devem procurar desenvolver suas peças não se prendendo ao peão ganho. O resultado é que, ou as brancas mantêm a iniciativa e guardam o peão de quebra ou elas devolvem o peão, porém conseguem poderosa pressão.

BRANCAS	NEGRAS	BRANCAS	NEGRAS
1.P4D	P4D	2.P4BD	P4R?

Raramente as negras têm oportunidade de iniciar com contrajogo tão violento. Sem dúvida é uma tática muito boa, mas somente contra adversários de força inferior.

3.PDxP   P5D

O gambito está em andamento. As negras esperam que seu PD avançado provoque distúrbios que atrasem o desenvolvimento das brancas. Porém, na maioria das vezes, o peão apenas se transforma em alvo para as peças contrárias.

4.C3BR   C3BD   5.CD2D   ....

104

(Posição após 5.CD2D)

Invariavelmente as brancas fianquetam seu bispo-rei, completando a mobilização do lado do rei e dando uma forte diagonal para o bispo.

5....	B3R

Após 5....P3B; 6.PxP, CxP, CxP (ou 6....DxP) as negras não têm compensação pelo peão.

Se 5....B5CD as brancas não se importam em devolver o peão, assim: 6.P3TD!, BxC +; 7.DxB!, B5C; 8.P4C!, BxC; 9.PRxB, CxPR. Pois após 10.B2C, D2R; 11.0-0-0, 0-0-0; 12.P4B as brancas têm indiscutível vantagem posicional — o par de bispos contra dois cavalos.

Contra 5....B5CR as brancas prosseguem favoravelmente com 6.P3CR etc.

6.P3CR	D2D	7.B2C	T1D

Nesta altura as negras também podem rocar, mas seu rei ficaria exposto a um ataque baseado na grande diagonal do bispo-rei das brancas.

8.0-0	CR2R	9.D4T	C3C

As negras esperam ganhar o PR avançado — mas isto custar-lhes-á seus peões do flanco dama graças a poderosa ação das peças brancas.

10.P3TD!	B2R	11.P4CD	0-0

As brancas continuam 12.B2C com posição muito forte. As negras não podem recuperar o peão e a sua posição não apresenta qualquer compensação.

GAMBITO DA DAMA ACEITO

Procurando evitar as complicações que emanam do Gambito da Dama Recusado, alguns jogadores preferem aceitar o gambito, respondendo 2.P4BD com 2....PxP. Com este lance, abrem a grande diagonal para o bispo-dama que poderá ser posto em fianqueto. Teoricamente a idéia é excelente — mas apresenta inconvenientes. As negras entregam o centro de saída dando mais espaço ao adversário, deixando-o com um poderoso centro de peões.

As negras podem experimentar outra linha após 2.... PxP, levando seu bispo-dama para 5CR. Embora pareça agressiva, as brancas têm recursos para responder satisfatoriamente. Assim a aceitação do gambito deixa as negras com sérios problemas.

(a) Variante 4....P3R

BRANCAS	NEGRAS	BRANCAS	BRANCAS
1.P4D	P4D	3.C3BR	C3BR
2.P4BD	PxP	4.P3R	P3R

É instrutivo verificar como é inútil para as negras a tentativa de manutenção do peão do gambito. Assim, se 4.... P4CD; 5.P4TD!, P3BD; 6.P3CD! E agora, as negras devolvem o peão e ainda ficam com fraquezas em sua estrutura de peões do lado da dama.

5.BxP P4B

Importante contestação. Investindo o PD imediatamente, as negras reduzem os efeitos de um possível P4R por parte das brancas.

6.0-0 P3TD 7.D2R C3B

105

(Posição após 7....C3B)

As brancas podem continuar de duas formas vantajosas: 8.PxP! tendo em vista o fianqueto do seu bispo-dama em uma poderosa diagonal; ou 8.T1D! para operar com as torres nas colunas abertas.

Procedendo com inexorável lógica, as brancas podem obter uma vantagem posicional indiscutível por meio de 8.PxP!, BxP; 9.PT3D!, P4CD; 10.B2T, B2C; 11.P4CD, B2R; 12. B2C, 0-0; 13.CD2D! O objetivo das brancas se revela claramente com este lance: seu cavalo-dama pode ocupar a casa 5BD. Enquanto para as negras, seu cavalo-dama tendo sido movimentado de forma diferente, não poderá ocupar casa idêntica.

Seguir-se-á: 13....D3C; 14.C3C, TR1D; 15.TD1B, TD1B; 16.C5B com posição nitidamente superior para as brancas.

8.T1D   P4CD

Pretendendo responder 9.B3D (ou 9.B3C) com 9.... P5B!; 10.B2B, C5CD! e ....CxB assegurando a vantagem posicional do par de bispos contra bispo e cavalo, para as negras.

9.PxP   D2B   10.B3D   BxP

Não 10....C5CD; 11.P4TD!, CxB; 12.DxC, P5C; 13. P6B!, com estrangulamento do jogo das negras, que não podem jogar 13....DxPB?? devido a 14.D8D mate.

11.P4TD!   P5C

A alternativa 11....PxP; 12.TxP, C5CD não é boa devido a 13.B5C + !, B2D; 14.BxB +, CxB; 15.B2D etc.

12.CD2D 0-0   13.C3C   B2R

As brancas podem jogar 13.P4R seguido de B5CR e TD-1B deixando as negras com jogo amarrado e difícil.

(b) Variante 4....B5C

BRANCAS	NEGRAS	BRANCAS	NEGRAS
1.P4D	P4D	3.C3BR	P3TD
2.P4BD	PxP	4.P3R	B5C

Como vimos anteriormente, seria sem objetivo para as negras 4....P4CD devido a 5.P4TD, P3BD; 6.P3CD! etc. Em lugar disso, desenvolvem o bispo-dama cravando o cavalo-rei das brancas.

5.P3TR	B4T	6.BxP	P3R
	7.D3C!	....	

106

(Posição após 7.D3C!)
Proteger o peão-cavalo-dama constitui um difícil problema para as negras, pois nem 7....D1B, nem 7....T2T são satisfatórios.

7....	BxC	9.B2R	P4BD
8.PxB	P4CD	10.P4TD	P5C
	11.PxP	BxP	

As brancas têm o par de bispos contra cavalo e bispo e podem fazer bom uso da coluna aberta cavalo-rei. Em conclusão, a estrutura dos peões negros do lado da dama está debilitada. A posição das brancas é definitivamente superior.

MISCELÂNEA DE ABERTURAS DO DUPLO AVANÇO DO PEÃO-DAMA

Encontramos muitas aberturas em que as brancas após 1.P4D e a resposta 1....P4D, evitam continuar com o gambito. Disto resulta uma ausência de tensão no centro que facilita o jogo das negras em busca da igualdade.

(a) Sistema Colle

BRANCAS	NEGRAS	BRANCAS	NEGRAS
1.P4D	P4D	3.P3R	P4B
2.C3BR	C3BR	4.P3B	....

Lance que caracteriza o sistema. A idéia das brancas é ɔoiar o peão-dama com vistas a um eventual P4R. Isto mui.s vezes lhes concede a iniciativa no centro, e pode proɔrcionar poderoso ataque central.

A alternativa 4.P3CD não é mais aconselhável devido ao :guinte: 4....P3R; 5.B2C, C3B; 6.B3D, B3D; 7.0-0, 0-0; agora se, 8.CD2D, D2R!; 9.C5R (ou as negras liberam-se nediatamente com ....P4R), PxP; 10.PxP, B6T com ex:lente jogo para as negras. Isto também se aplica a 8.P3TD. 2B seguido de ....P4R.

4.... CD2D!

Importante sutileza. Após 4....P3R; 5.CD2D, C2B; .B3D, B3D; 7.0-0, 0-0; 8.PxP!, BxPB; 9.P4R! as branιs têm a iniciativa no centro e maioria de peões na ala da ιma. Tais vantagens têm proporcionado expressivas vitóɑs com o Sistema Colle.

107

(Posição após 4....CD2D!)
Se agora 5.CD2D, P3R; 6.B3D, B3D; 7.0-0, 0-0; 8.P4R, PBxP! (não 9.CxP?, C4B!) PxP; 10.CxP e as brancas ficam com a desvantagem posicional de um peão isolado.

5.CD2D P3CR

Como observamos no diagrama 107, o lance 5....P3R é perfeitamente jogável. Contudo, 5....P3CR é mais promissor, pois limita a diagonal do bispo-rei das brancas e ainda dificulta um ataque na ala do rei.

Observe-se que 5....P3CR das negras tornou-se possível, após o lance anterior, que defende o peão-bispo-dama e permite maior liberdade de ação.

| 6.B3D | B2C | 7.0-0 | 0-0 |

Se agora 8.P4R, PDxP; 9.CxP, PxP; 10.CxP (não PxP? deixando as brancas com o peão-dama isolado), C4R; 11.CxC +, BxC; 12.B2R, B2D e as negras têm mais liberdade de ação.

Chegamos a idêntica conclusão após 8.P4CD, PxPC; 9.PxP, C1R!; 10.B2C, C3D; 11.D3C, C3C; 12.P4TD, B4B!; 13.BxB, PxB! e o bispo branco permanece encerrado pelos seus próprios peões.

(b) Variante Stonewall

BRANCAS	NEGRAS	BRANCAS	NEGRAS
1.P4D	P4D	3.B3D	P4B
2.P3R	C3BR	4.P3BD	....

Pretendem as brancas continuar com P4BR, estabelecendo a formação Stonewall. A força da muralha de peões é melhor apreciada após o passivo 4....P3R?; 5.P4BR, CD2D; 6.C3B, B3D; 7.CD2D, P3CD; 8.C5R, B2C; 9.D3B deixando as brancas com um poderosíssimo centro que muitas vezes conduz a ataque decisivo.

| 4.... | C3B |

As negras pretendem prosseguir por linhas diferentes. Elas não temem 5.PxP que as deixaria com um tremendo centro de peões após 5....P4R. Em qualquer caso, 5.PxP arruinaria a Stonewall das brancas.

134

5.P4BR   B5C!

Resolvendo imediatamente o problema do incômodo bispo.

6.C3B	P3R	9.P3CD	PxP
7.CD2D	B3D	10.PBxP	TD1B
8.P3TR	B4T	11.0-0	B3C

Após 12.BxB, PTxB, as negras ficam um pouco melhor, >orque seu bispo tem mais movimentos que o bispo das bran-as.

(c) Variante 2.B4B

| BRANCAS | NEGRAS | BRANCAS | NEGRAS |
| 1.P4D | P4D | 2.B4B | .... |

Este antigo lance está desacreditado hodiernamente, por lois motivos. Em primeiro lugar, as brancas cedem a iniiativa no centro permitindo ....P4BD. Secundariamente, ,s brancas desenvolvem seu bispo, antes de conhecerem pereitamente qual seria a melhor casa para ele.

| 2.... | C3BR | 4.P3R | C3B |
| 3.C3BR | P4B! | 5.P3B | D3C |

As negras se desenvolvem confortavelmente.

| 6.D1B | B4B | 7.CD2D | P3R |

Está claro que as brancas desperdiçaram a iniciativa. As legras têm jôgo muito promissor.

DEFESA NIMZOÍNDIA

Nas defesas "Índias" as negras respondem 1.P4D com 1....C3BR. Momentaneamente, então, as negras experimentam controlar o centro por intermédio do lance de cavalo (antes do que o ortodoxo ....P4D). Posteriormente, as negras podem intensificar o controle com as demais peças. Por outro lado, elas podem recorrer a lances de peão.

Embora pareça inconsistente, na prática é eficiente esta tática das negras que coloca um freio no jogo das brancas, que então devem preparar-se para contestar qualquer linha de ação do adversário.

Assim, num sentido psicológico, podemos considerar 1.... C3BR como uma sutil manobra para ditar o curso da partida. Como no Gambito da Dama, a luta na abertura, nas Defesas Índias, se desenrola em torno do controle do centro e da liberdade das peças. Aquele que conseguir vantagem neste desiderato terá melhor partida.

A seguir, vejamos como tais conceitos teóricos se aplicam aos problemas específicos da Defesa Nimzoíndia. Eis os lances da abertura:

BRANCAS	NEGRAS	BRANCAS	NEGRAS
1.P4D	C3BR	2.P4BD	P3R

Agora as brancas podem jogar 4.P4R, estabelecendo um centro de peões que esmagaria as negras.

Estamos face a um dos problemas cruciais inerentes a este tipo de defesa. Naturalmente, as negras podem resolver suas dificuldades, jogando 3....P4D, intervindo no centro e *transpondo* com ....P3R para uma defesa do Gambito da Dama Recusado. Mas as negras pretendem continuar desenvolvendo a Defesa Nimzoíndia. Em conseqüência:

3.... B5C

108

(Posição após 3....B5C)
Cravando o cavalo dama, as negras impedem o avanço P4R. Enquanto isto, ocultam suas intenções: elas podem realizar ....P4D ou ...mais tarde ....P3D — ou talvez não mover seu peão-dama de forma alguma!

As brancas têm uma gama de resposta a sua disposição. Antes de as considerar, devemos refletir sobre as possíveis formas que a luta pelo centro poderá tomar.

Por exemplo, as negras podem continuar mais tarde .... P4D, tendo em vista deter a pronunciada expansão das brancas no centro com P4R. Ou as negras podem permitir o lance P4R, e prosseguir construindo um contracentro com ....P3D e ....P4R.

Outra possibilidade é ....P4BD, investindo, pelo flanco, o centro das brancas.

Devemos considerar, porém, outros aspectos. O lance 3.... B5C conduz na maioria das vezes à troca do bispo pelo cavalo-dama das brancas. Neste caso, as brancas ficam com o par de bispos contra cavalo e bispo. Sem dúvida uma vantagem a favor das brancas, *se além disso elas estiverem bem desenvolvidas.*

Por outro lado, se as negras se desenvolvem rapidamente e de forma favorável (como geralmente sucede na variante em pauta), podem neutralizar a vantagem do par de bispos.

137

Isto deve ser apreciado à luz de um outro problema. Acontece muitas vezes que após ....BxC, as brancas retomam com o peão-cavalo-dama. Com isto apóiam o peão-dama e contribuem para a formação de um forte centro de peões.

Mas as negras podem considerar uma fraqueza os peões dobrados e assestar suas armas contra a casa 4BD das brancas. Quem estará com a razão? Tudo depende da forma como o jogo prossegue. Teremos uma luta extremamente tensa, em que cada jogador procurará explorar suas vantagens e anular as do adversário. Na análise detalhada que se segue, teremos a oportunidade de observar o choque entre duas concepções rivais.

A isto atribui-se a grande popularidade da Defesa Nimzoíndia. Ela oferece grandes recompensas aos jogadores empreendedores e de espírito inventivo.

(a)   4.D2B. Variante com 4....P4D

BRANCAS	NEGRAS	BRANCAS	NEGRAS
1.P4D	C3BR	3.C3BD	B5C
2.P4BD	P3R	4.D2B	....

Renovando a luta pelo centro. As brancas podem continuar com P4R.

4....   P4D

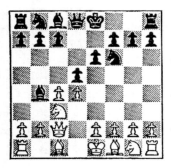

109

(Posição após 4....P4D)

Avançando seu peão-dama para 4 dama, as negras adotaram o melhor caminho para se manterem no centro.

Agora 5.P3TD nos parece óbvio, para liberar a cravação, mas após 5....BxC +; 6.DxB, C5R; 7.D2B, pode resultar uma luta extremamente aguda: 7....P4BD; 8.PDxP, C3BD; 9.C3B, D4T +; 10.C2D, C5D; 11.D3D, P4R!? 12.P4CD, D5T; 13.T2T!

Ou 7....C3BD; 8.P3R, P4R!? 9.PBxP, DxP; 10.B4B, D4T +; 11.P4CD, CxPC, 12.DxC, C 7B + dpl; 13.R2R, D8R +; 14.R3B, CxT; 15.B2C. Em qualquer caso a luta é aguda e o seu desenvolvimento está acima das possibilidades de previsão do jogador médio.

5.PxP ....

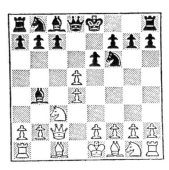

110

(Posição após 5.PxP)

Novamente as negras devem escolher: comandar o centro com peças (5....DxP) ou colocar um peão (5....PxP).

A maneira mais simples de retomar é 5....PxP. Se então 6.B5C, P3TR; 7.BxC, DxB; 8.P3TD, BxC +; 9.DxB, P3B; 10.P3R, 0-0; 11.C3B, B4B e as negras estão bem.

Note-se que após 6.B5C, P3TR; 7.B4T as negras podem contra-atacar vigorosamente com 7....P4B!, por exemplo, 8.PxP, C3B; 9.0-0, P4CR!; 10.B3C, D4T etc.

5....   DxP   6.C3B   P4B

Operando contra o centro de peões.

7.B2D   BxC para manter centralizada a dama.

8.BxB   PxP   9.CxP   P4R

Valioso lance libertador. Se agora 10.C5B, BxC; 11.DxB, C3B; 12.P3R, 0-0; 13.B2R, D5R!; com igualdade.

10.C3B	C3B	12.B2R	B5C
11.P3R	0-0	13.P3TR	....

Partida igual. As brancas possuem o par de bispos, mas as negras têm mais liberdade de ação. Por exemplo 13... B4T; 14.0-0, TR1D; 15.P3T, B3C; 16.D1B, C5R etc.

(b) 4.D2B Variante com 4....C3B

BRANCAS	NEGRAS	BRANCAS	NEGRAS
1.P4D	C3BR	3.C3BD	B5C
2.P4BD	P3R	4.D2B	C3B

Ganhando tempo pelo ataque ao peão-dama das brancas e preparando-se para construir um centro com ....P3D e ....P4R.

5.C3B   P3D

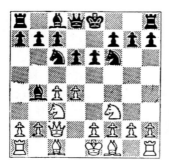

111

(Posição após 5....P3D)

As negras preparam-se para conceder o par de bispos ao adversário, porém com ...P4R manterão o equilibrio no centro.

Se agora 6.P3TD, BxC +; 7.DxB as brancas ficam com o par de bispos e as negras devem jogar com cuidado para não ficar com uma posição acanhada. 7....P4TD! evitando maior expansão do jogo adversário (com 8.P4CD). Então, após 8.P3CD, 0-0; 9.B2C as negras pretendem ....P4R com 9.... T1R!; 10.T1D, D2R! etc.

140

6.B2D	P4R	8.BxB	D2R
7.P3TD	BxC	9.PxP	....

Melhorando a posição já que o bispo-dama terá mais objetivos.

9....	PxP	10.P3R	P4TD!

Novamente evitando a expansão das brancas indevidamente com P4CD (ameaçando P5C).

11.P3T!   ....

Impedindo o desenvolvimento do bispo-dama das negras, via ....B5C. Mas as negras têm à mão outra continuação.

11....	0-0	12.B2R	P3CR!

As negras mantêm igualdade preparando ....B4B. Após 13.P3CD, B4B; 14.D2C, TR1R; 15.0-0, C5R e a posição é aproximadamente igual.

(c)   4.D2B Variante com 4....P4B

BRANCAS	NEGRAS	BRANCAS	NEGRAS
1.P4D	C3BR	3.C3BD	B5C
2.P4BD	P3R	4.D2B	P4B

Esta ação de flanco destina-se a demolir o centro das brancas pela remoção do peão-dama. Geralmente as brancas podem exercer pressão através da coluna aberta da dama e ao longo da grande diagonal 1TD· — 8TR. Contudo, as negras podem igualar conseguindo bom jogo para suas peças no centro.

5.PxP   ....

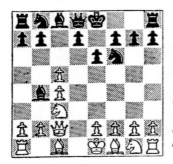

112

(Posição após 5....PxP)

As negras podem continuar 5....BxP; 6.C3B, C3B; 7.B5C, B2R seguido de ....P3D. Mas ficam com uma posição desagradável, com pouca liberdade de ação.

   5.... 0-0

E agora o lance que crava o cavalo, 6.B5C, parece bom. Contudo, as negras contra-tacam eftivamente com 6.... C3T!; 7.P3TD, BxC +; 8.DxB, CxP. As brancas ficam com o par de bispos, mas as negras estão firmes no centro. Por exemplo 9.D2B (para evitar C4B-5R), P4TD!; 10.P3B, P5T; 11.T1D, C6C; 12.P4R, D4T +; 13.B2D, CxB; 14.DxC, P4D e as negras têm no mínimo a igualdade.

   6.C3B C3T!

O cavalo alcança rapidamente uma casa para controlar o centro. Se agora 7.P3TD, BxC +!; 8.DxB, CxP; 9.P4CD, C4B-5R e as negras, com sua posição favorável no centro, equilibram a presença do par de bispos do adversário.

   7.B2D CxP   8.P3TD BxC
      9.BxB C4B-5R

Como na observação anterior, as negras têm a igualdade, graças à bela posição de seu cavalo no centro.

  (d) Variante 4.P3R

BRANCAS	NEGRAS		BRANCAS	NEGRAS
1.P4D	C3BR		3.C3BD	B5C
2.P4BD	P3R		4.P3R	....

113

(Posição após 4.P3R)

O último lance das brancas é mais forte do que parece. Ele prepara o desenvolvimento do bispo-rei e deixa as brancas em condições de prontamente explorarem qualquer vantagem que possa surgir do par de bispos após ....BxC.

Se agora 4....0-0, a partida pode seguir uma das linhas abaixo. Uma possibilidade independente seria 5.CR2R, P4D; 6.P3TD, B2R; 7.PxP, PxP; 8.P3CR (muito mais promoter do que 8.C3C, P4B! e se 9.PxP, BxP; 10.P4C, P5D!), CD2D; 9.B2C, C3C; 10.D3D, P4TD; 11.P4TD, P3B; 12.0-0, CD2D; 13.P3B com a idéia de constituir um poderoso centro com P4R.

Contra 4....P3CD, as brancas podem também continuar com 5 CR2R e se 5....B3T; 6.P3TD, B2R; 7.C4B, P4D; 8.PxP, BxB; 9.RxB, PxP; 10.P4CR! com forte iniciativa.

Outra linha é ....P3CD; 5.CR2R, B2C; 6.P3TD, BxC +; 7.CxB, 0-0; 8.B3D! P4B (não 8....BxP; 9.TR1C, B2C; 10.P4R seguido de P5R com bom ataque); 9.P5D! amarrando consideravelmente o jogo das negras. Se então 9....PxP; 10.PxP, CxP?; 11.CxC, BxC; 12.D5T ou 10.... BxP?; 11.CxB, CxC; 12.B4R e as brancas ganham sempre.

4....   P4D   5.B3D   0-0

Se as brancas continuam 6.C3B, P4B; 7.0-0, C3B; 8.P3TD, o prosseguimento mais simples para as negras será 8....BxC; 9.PxB, P3CD com boas possibilidades a despeito do par de bispos das brancas.

143

Ou as negras podem tentar (após 8.P3TD) 8....PDxP; 9.BxPB, PxP; 10.PxP, B2R. Então após 11.D3D, P3CD; 12.B2T, B2C; 13.B1C, P3C as brancas têm jogo mais livre e oportunidades de ataque, enquanto as negras pressionam o peão isolado contrário.

  6.P3TD BxC +   7.PxB ....

114

(Posição após 7.PxB)
O ousado centro de peões e a presença do par de bispos dão às brancas muito maiores possibilidades de ataque.

As negras devem continuar com muito cuidado. Assim, após 7....P4B; 8.PBxP!, PRxP; 9.C2R, P3CD; 10.0-0, B3T; 11.BxB, CxB; 12.D3D as brancas continuam em excelentes condições de ataque a despeito da ausência de um dos seus bispos. A partida pode prosseguir 12....P5B; 13.D2B, C1C; 14.P3B!, T1R; 15.C3C, C3B; 16.D2B, D2D; 17.B2C, T3R; 18.TD1R, TD1R; (as negras tentam inutilmente evitar P4R); 19.T2R, P3C; 20.TR1R, C4TD; 21.P4R, D2C; 22.P5R seguido de P4B com um formidável assalto de peões.

 7....   PxP!   10.0-0   D2B!
 8.BxPB   P4B   11.B3D   P4R
 9.C3B   C3B   12.D2B   ....

Posição assaz interessante. As negras liberaram-se de forma admirável, mas as brancas esperam abrir a posição e avançar seus peões centrais para acionar seus poderosos bispos.

Uma possibilidade é 12....T1D; 13.T1R, B5C; 14.CxP, CxC; 15.PxC, DxP; 16.P3B, B3R; 17.T1C, P5B; 18.B1B, C4D!; 19.B2D, D2B.

Linha de jogo mais aguda é 12....T1R (ameaça ....P5R); 13.P4R, PRxP; 14.PxP, B5C!; 15P5R, BxC; 16.PxC, CxPD; 17.BxP +. R1T; 18.PxP, RxP; 19.B2C!, TD1D!; 20.PxB, T1TR; 21.R1T, TxB.

Em ambos os casos as negras estão bem, devido à liberdade de ação de suas peças, que contrabalança a presença do par de bispos das brancas. Esta é a situação na maioria das variantes da Defesa Nimzoíndia.

(e) Variante 4.P3TD

BRANCAS	NEGRAS	BRANCAS	NEGRAS
1.P4D	C3BR	3.C3BD	B5C
2.P4BD	P3R	4.P3TD	....

Isto conduz a jogo difícil para ambos os lados. Após a troca que se segue, as brancas esperam obter um bom ataque, baseado no seu par de bispos e aparente poderosa posição central de peões. As negras pretendem fechar a posição, valorizando as manobras do seu cavalo; como também assediar o P4BD contrário.

4.... BxC + 5.PxB ....

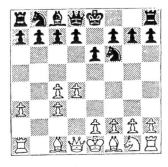

115

(Posição após 5.PxB)

Observe se que o P4BD não pode ser apoiado por peão, requerendo a proteção de peças. Em conseqüência constitui uma debilidade sobre a qual as negras irão apontar suas armas.

145

5.... P4B!

Fixando o teoricamente débil P4BD das brancas. Em conclusão, as negras fazem pressão sobre o centro de peões das brancas.

6.P3R   P3CD

O bispo das negras irá a 2CD (posteriormente para 3TD, para pressionar o peão débil).

Por outro lado, não seria recomendável jogar muito cedo ....P4R, pois muitas vezes permite ao adversário abrir a coluna do bispo-rei com efeitos expressivos, por exemplo: 6....C3B; 7.B3D, P4R; 8.C2R, P3D; 9.0-0, D2R; 10.P4R!, C2D; 11.P4B, P3CD; 12.C3C, P3C; 13.PBxP, PDxP; 14.P5D, C4TD; 15.T2T!, C2C; 16.TD2BR, C3D; 17.B6T com considerável vantagem posicional para as brancas.

7.B3D   B2C   9.C2R   0-0
8.P3B   C3B   10.P4R   C1R!

Excelente lance. Permitir a cravação B5C seria fatal para a liberdade de ação das negras.

A retirada do cavalo prepara o lance de bloqueio ....P4B.

11.B3R   P3D   12.0-0   C4T!

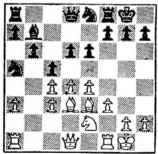

116

(Posição após 12....C4T!)

As negras iniciam o ataque no peão-bispo-dama.

As negras têm a iniciativa, pois sua ameaça ao peão-bispo-dama neutraliza as ações do adversário na outra ala. Por exemplo: 13C3C, D2D; 14.P4B, P4B; 15.D2R, (se 15.PDxP, PDxP; 16.PxP, T1D!), P3C! 16.TR1D, C2C; 17.T2T, D5T!; 18.B1B, TD1B! (observe-se a crescente pressão sobre o peão-bispo-dama); 19.D2BD, DxD; 20.TxD, B3T!: e as negras ganham o peão fraco.

DEFESA ÍNDIA DA DAMA

Nesta linha de jogo, as negras fianquetam seu bispo-dama logo de início, com vistas ao comandamento da grande diagonal, mais particularmente da casa 5R. O melhor para as brancas é o fianqueto do seu bispo-rei, estabelecendo um duelo a distância pelo controle da importante diagonal. O duelo não raro se concentra sobre um problema específico: as brancas procurando realizar P4R e as negras se opondo a esse lance. Se as brancas colimam P4R, terão vantagem em espaço, o que justifica o empenho com que a luta se desenvolve. É preciso não olvidar que realizando logo de início C3BR (em lugar de C3BD como na Defesa Nimzoíndia), não será fácil para elas forçar a efetivação de P4R.

De um modo geral, as brancas obtêm uma partida mais livre do que as negras nesta abertura. O objetivo das brancas é a manutenção da iniciativa, enquanto o das negras é o desenvolvimento de uma defesa adequada.

(a)   Variante 5. . . . B2R

BRANCAS	NEGRAS		BRANCAS	NEGRAS
1.P4D	C3BR		4.P3CR	B2C
2.P4BD	P3R		5.B2C	B2R
3.C3BR	P3CD		6.0-0	0-0
		7.C3B	....	

As negras já podem firmar pé no centro com 7. . . . P4D, porém condenando seu bispo-dama à inatividade, após 8. C5R!

7. . . .   C5R   8.D2B   CxC

O lance das brancas é agora mais ou menos forçado, pois 9.PxC dobraria o peão-bispo-dama, sem qualquer compensação tangível.

9.DxC ....

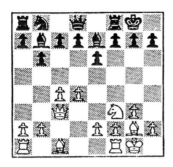

117

(Posição após 9.DxC)

As negras têm um duplo objetivo: reter o controle de sua casa 5R e formar um centro com ....P3D e ....P4R.

As brancas têm boas chances quanto a iniciativa, se por exemplo: 9....P4BR; 10.P5D!, PxP; 11.C1R *com pressão duradoura sobre o jogo das negras.*

Outra possibilidade é 9....B5R; 10.B4B!, P3D; 11.D3R!, B2C; 12.TR1D, C2D; 13.P4CD, C3B; 14.P4TD, P4TD; 15.P5C *e as brancas se apresentam com liberdade de ação muito mais pronunciada.*

(b) Variante 5....B5C +

BRANCAS	NEGRAS	BRANCAS	NEGRAS
1.P4D	C3BR	3.C3BR	P3CD
2.P4BD	P3R	4.P3CR	B2C
	5.B2C	....	

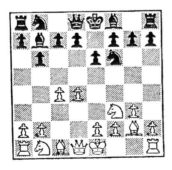

118

(Posição após 5.B2C)

As negras decidem simplificar por meio da troca, que, contudo, ainda as deixa com difíceis problemas a resolver.

149

5....	B5C +		6.B2D	BxB +

É óbvio que a réplica natural seria 7.CDxB. Mas o cavalo-dama das brancas estará mais agressivamente postado em 3BD do que em 2D. Isto justifica o próximo lance das brancas:

7.DxB!	0-0		8.C3B	P3D

Após isto as brancas estarão em condições ' de realizar P4R, mas se 8....C5R; 9.D2B!, CxC; e 10.C5C! ganha a qualidade devido à ameaça de mate.

9.D2B	D2R		10.0-0	P4B

As negras devem impedir P4R, que permitiria às brancas responder a um posterior ....P4B com P5D, restringindo seriamente o jogo das negras.

11.TD1D	PxP		12.CxP	BxB

Após 13.RxB as brancas podem jogar P4R, que lhes concederia comandamento do tabuleiro. Indiscutivelmente estão com a iniciativa.

DEFESA ÍNDIA DO REI

Esta é considerada a mais complexa e a mais interessante de todas as Defesas Índias. Como nas demais Defesas Índias, as negras evitam responder 1.P4D com 1.P4D, jogando 1....C3BR e continuando com ....P3CR e ....B2CR Nautralmente, elas não podem jamais negligenciar o centro. Normalmente jogam ....P3D seguido no devido curso de ....P4R. Após o que, ficam com muitas possibilidades. Uma delas seria ....PRxPD, abrindo a grande diagonal para o bispo que se encontra em fianqueto, tendo, porém, o inconveniente de liberar também o jogo das brancas.

Ou as negras ficam na expectativa após ....P4R, dando ao adversário a oportunidade de avançar P5D encerrando a posição, e a vantagem, então, normalmente pertencerá ao jogador que antes puder realizar P4BR.

Teoricamente, as brancas devem estar melhor, porque seu jogo é mais livre. Mas as negras têm uma posição sólida e cheia de recursos; um jogador tenaz, pode obter milagres com esta linha de jogo.

(a) P3CR Variante com P3D

BRANCAS	NEGRAS	BRANCAS	NEGRAS
1.P4D	C3BR	3.P3CR	B2C
2.P4BD	P3CR	4.B2C	0-0

A experiência revela que o fianqueto é uma forma muito efetiva de desenvolver o bispo.

| 5P4R | P3D | 6.C2R | .... |

Em tudo por tudo, isto é superior a C3BR. Em 2R o cavalo não impede o caminho para P4B.

| 6.... | P4R | 7.CD3B | .... |

151

Também é possível 7.P5D, que parece deixar as brancas com partida preferível. Elas podem tentar ganhar terreno posteriormente com P4B, ou com P4CD seguido de P5BD. Outra seqüência é 7....P4TD; 8.0-0, CD2D; 9.CD3B, C4B; 10.P3TR, C1R; 11.B3R, P4B; 12.PxP, PxP; 13.P4B e as brancas têm partida melhor.

    7....   CD2D   8.0-0   P3B

Tendo em vista permitir ....D2B ou ....D3C. De qualquer forma o lance tem em vista um eventual ....P4D, que é a melhor coisa para as negras.

                9.P3TR!   ....

As brancas desejam realizar B3R, mas primeiro devem impedir o importuno ....C5C.
    9....   PxP   10.CxP   ....

119

(Posição após 10.CxP)

As negras conseguiram liberdade de manobra para seus cavalos e bispo-rei. Contudo, seu enfraquecido peão-dama pode ser pressionado.

São inúmeras as possibilidades para as negras nesta altura, mas as brancas mantêm-se melhor, jogando corretamente. Assim, se 10....T1R; 11.B3R, C3C; 12.P3C, P4D?; 13.PRxP, PxP; 14.P5B, CD2D; 15.CR5C!, D4T; 16.P3T!, C5R?!; 17.P4CD, CxC; 18.CxC, D1D; 19.CxP!, BxT; 20.DxB e as brancas têm jogo avassalador em troca do sacrifício da qualidade.

Outra possibilidade é 10....T1R; 11.B3R (ou 11.T1R, C4B; 12.B4B, com pressão sobre o peão-dama), C4B; 12. D2B, P4TD; 13.TD1D (ameaçando 14.CxP!, PxC; 15. BxC), D2R; 14.TR1R e as brancas estão com uma bela partida (observe-se a armadilha 14.....CRxP?; 15.CxC, CxC; 16.BxC, DxB; 17.B2D! e as brancas ganham!).

O *desenvolvimento superior das peças brancas assegura--lhes uma melhor partida mediante jogo cuidadoso.*

(*b*)   3....P3CR   Variante P4D

BRANCAS	NEGRAS		BRANCAS	NEGRAS
1.P4D	C3BR		3.P3CR	B2C
2.P4BD	P3CR		4.B2C	P4D
		5.PxP	CxP	

120

(Posição após 5....CxP)

As brancas planejam montar um centro poderoso. As negras esperam poder provar que o plano adversário é irrealizável.

6.P4R   C3C

Embora 6....C5C seja realizável, envolve sutilezas táticas, por exemplo: 7.D4T +, CD3B; 8.P5D, P4CD!; (igual seria 8....0-0!, pois se 9.PxC, CxD + e as negras recuperam a peça); 9.DxPC, (ou 9.D3C?, C5D!), C7B +; 10. R1D, B2D e as brancas não podem jogar 11.RxC??, C5D + nem 11.PxC??, BxP + desc. E após 6....C5C; 7.P5D, P3BD; 8.C2R, (8.P3TD é a melhor resposta devido a 8.... D4T!), PxP; 9.PxP, B4BR; 10.D4T +, CD3B!; 11.CD3B!

153

(não 11.PxC??, C7B +; 12.R1B, D8D mate), B7B! ou
....P4CD! e as negras podem enfrentar bem as complicações que se seguem.

       7.C2R   ....

Medidas imediatas contra o centro das brancas serão inúteis; por exemplo 7....P4R; 8.P5D, P3BD; 9.CD3B, PxP; 10.PxP e o peão passado das brancas torna-se muito poderoso para o final.

   7.... 0-0   8.0-0   ....

121

(Posição após 8.0-0)
As negras nada podem fazer contra o centro adversário. Por exemplo 8.... P4BD; 9.P5D, e os cavalos estão sem jogo.

8....	C3B	12.PxP	C5B
9.P5D	C1C	13.T1R	T1R
10.CR3B!	P3BD	14.C3T!	C3D
11.P4TD!	PxP	15.CD5C!	....

A pressão das brancas é incômoda. Mas impedir a prática desta linha (com ....C5C) exige habilidade tática de primeira classe.

(c)   Variante B2R

BRANCAS	NEGRAS	BRANCAS	NEGRAS
1.P4D	C3BR	4.P4R	P3D
2.P4BD	P3CR	5.B2R	0-0
3.C3BD	B2C	6.C3B	....

Parece plausível a alternativa 6.B5C, mas as negras podem explorar a ausência do bispo-dama das brancas na ala da dama, da seguinte forma: 6....P4B!; 7.P5D, P3R; 8.C3B, PxP; 9.PBxP, P3TR; 10.B4BR, P4CD!; 11.BxPC, CxPR!; 12.CxC, D4T +; 13.D2D, DxB; 14.CxPD, DxP; 15.DxD, BxD; 16.TD1C, B6B +; 17.R1D, B3T; 18.BxP, T1D; 19.B4B, B4T!; e a ameaça ....B2B permite a recuperação do peão com posição superior, graças ao par de bispos.

6....   P4R

As negras não receiam 7.PxP, PxP; 8.CxP, pois podem responder com 8....CxP!

7.0-0   C3B!

Anteriormente jogava-se 7....CD2D, que permitia a igualdade após 8.T1R, P3B; 9.B1B, T1R; 10.P3CD, PxP!; 11.CxP, P4D! ou 10.T1C, PxP; 11.CxP, P4D!

Contudo ....CD2D permite a manutenção da iniciativa por parte das brancas com 8.P5D, C4B; 9.D2B, P4TD; 10.C1R!, CR2D; 11.B3R, P4B; 12.PxP, PxP; 13.P4B, P5R; 14.D2D, C3B; 15.C2B. Eventualmente as brancas romperão com P4BR. Enquanto isto, elas comandam sua casa vital 4D e bloqueiam adequadamente o peão passado adversário.

8.P5D	C2R	10.B3R	P4BR
9.C1R	C2D!	11.P3B	P5B
12.B2B		P4CR	

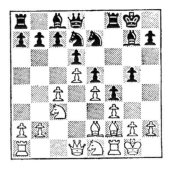

122

(Posição após 12....P4CR)

Uma posição excitante. As brancas atacam na ala da dama pretendendo abrir linhas com P5B. As negras investem no flanco-rei buscando a abertura de linhas com ....P5C.

155

13.C3D C3BR

Outro caminho é ....T3B seguido de ....T3C, pretendendo P5C

Ambos os lados completaram seus planos e uma luta aguda está em andamento.

(a) Variante Saemisch

BRANCAS	NEGRAS
1.P4D	C3BR
2.P4BD	P3CR
3.C3BD	B2C

BRANCAS	NEGRAS
4.P4R	P3D
5.P3B	0-0
6.B3R	P4R
7.P5D	....

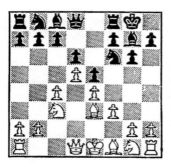

123

(Posição após 7.P5D)
O sólido 5.P3B é a chave desta variante. Ele retarda o desenvolvimento do lado-rei, enquanto prepara o grande roque e inicia o ataque com P4CR e P4TR etc.

7....	P4B
8.D2D	C4T
9.0-0-0	P4B

10.PxP	PxP
11.B3D	P3TD
12.CR2R	P4C?!

As negras oferecem um peão para abrir linhas para o ataque contra o rei. Mas as brancas estão mais interessadas em seu ulterior ataque.

13.TD1C PxP   14.B1C! ....

Para fortalecer o próximo P4CR. O ataque das brancas através da coluna aberta deve ser decisivo.

(e) Variante dos Quatro Peões

BRANCAS	NEGRAS	BRANCAS	NEGRAS
1.P4D	C3BR	3.C3BD	B2C
2.P4BD	P3CR	4.P4R	P3D
	5.P4B	....	

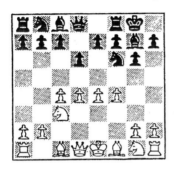

124

(Posição após 5.P4B)

O último lance das brancas é muito agressivo e pode levar as negras a uma posição constrangida. Por outro lado, um mínimo deslize na condução do jogo por parte das brancas pode permitir o desencadeamento de poderoso contra-ataque das negras.

5.... P4B 6.PxP! ....

O melhor. Após 6.P5D, 0-0; 7.C3B, P4R! as negras têm jogo perfeitamente sólido (8.PxP, PxP; 9.CxP, CxP!).

Após o lance do texto 6....PxP; 7.DxD, RxD; 8.P5R deixa as negras com jogo pobre.

                6.... D4T

Ameaça ....CxP.

7.B3D DxPB 8.D2R C3B

As brancas agora continuam 9.C3B seguido de B3R, após o que seu desenvolvimento mais harmonioso fala a seu favor.

Conclusão: De um modo geral, a obtenção de uma sólida vantagem por parte das brancas depende de seu bispo ser colocado cedo em fianqueto. — Variante (a).

DEFESA GRUENFELD

Nesta Defesa índia, as negras combinam o fianqueto do seu bispo-rei com ....P4D. Normalmente o peão-dama das negras logo desaparece, permitindo às brancas a montagem de um expressivo centro de peões.

As negras devem concentrar suas peças por meio de hábeis manobras, para contrabalançar esta vantagem das brancas. Em alguns casos, elas podem ferir o centro com ....P4BD. Devem, porém, estar sempre prontas para fazer bom uso da grande diagonal para seu bispo-rei.

(a) Variante da Troca

BRANCAS	NEGRAS	BRANCAS	NEGRAS
1.P4D	C3BR	3.C3BD	P4D
2.P4BD	P3CR	4.PxP	....

Imediatamente as brancas procuram estabelecer-se no centro com seus peões. Uma alternativa mais calma 4.P3R, B2C; 5.C3B, 0-0; 6.D3C, P3R; 7.B2D, P3C e as negras colocam seu bispo em fianqueto, com bom jogo.

4....	CxP	5.P4R	CxC
	6.PxC	P4BD	

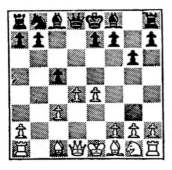

125

(Posição após 6....P4BD!)
As negras não perdem tempo em investir o centro de peões. Elas intensificarão a pressão com ....B2C.

7.B4BD   B2C   8.C2R!   ....

Aparentemente mais agressivo, C3B permitiria a cravação ....B5C.

8....   0-0   10.PxP   C3B
9.0-0   PxP   11.B3R   ....

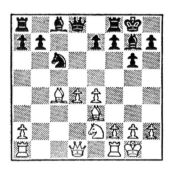

126

(Posição após 11.B3R)
Posição crítica, pois as negras devem agora provar a efetividade de sua pressão sobre o centro de peões.

12....   C4T   13.B3D!   C3B!

As negras igualam. As brancas devem cuidar de seu peão--dama e se 14.B4BD, C4T etc., ameaçando repetir indefinidamente os lances. Se 14.B2B, P3C com vistas a 15.C5C; 16.B3C, B3TD com excelente jogo para as negras.

(b)   Variante 5.D3C

BRANCAS	NEGRAS	BRANCAS	NEGRAS
1.P4D	C3BR	3.C3BD	P4D
2.P4BD	P3CR	4.C3B	B2C

           5.D3C   ....

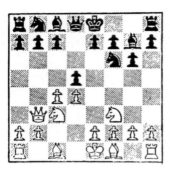

127

(Posição após 5.D3C)
As brancas insistem em esclarecer a situação no centro. Como 5....P3R ou 5....P3B seriam lances passivos, as negras abandonam o centro na esperança de obter partida ativa para suas peças.

5....   PxP   6.DxPB   0-0

Como na variante anterior, as brancas reforçam seu centro de peões.

                        7.P4R   B5C

Atacando o cavalo que defende o peão-dama.

8.B3R   CR2D   9.D3C   C3C

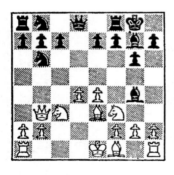

128

(Posição após 9....C3C)
O peão-dama das brancas está sofrendo pressão, desde que o cavalo-rei desobstruiu a diagonal do seu bispo (das negras). Contudo, as brancas dispõem de amplos recursos.

10.T1D   C3B   12.B2R   CxC +
11.P5D   C4R   13.PxC   B6T

As brancas possuem mais espaço para manobrar e após 14.TR1C, D1B; 15.P4B!, B2D; 16.P5B!, têm um formidável ataque.

160

(c) Variante 4.B4B

BRANCAS	NEGRAS	BRANCAS	NEGRAS
1.P4D	C3BR	3.C3BD	P4D
2.P4BD	P3CR	4.B4B	B2C

5.P3R   0-0!

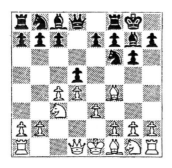

129

(Posição após 5....0-0!)
O lance das negras foi de gambito, pois as brancas podem agora ganhar um peão. Contudo, as ameaças das negras asseguram-lhes compensação adequada.

Após 6.PxP, CxP; 7.CxC, DxC; 8.BxP as brancas ganham um peão. Mas, as negras ficam com partida muito forte com 8....C3T!. Por exemplo: 9.B3C, B4B (ameaçando ....C5C); 10.P3TD, TD1B; com vistas a ....T7B. Também é possível 8....C3T!; 9.BxC, PxB quando a continuação mais prudente para as brancas é 10.C3B, permitindo a recuperação do peão com 10....D2C. Se 10.D3B, D4CD!! E 11.DxT não se recomenda devido a 11....DxP; 12.T1D, D6B+; 13.T2D, B5C! e ganham.

6.T1B   P4B!   7.PDxP   B3R!

As negras estão bem, apesar do peão a menos. Por exemplo: 8.PxP, CxP; 9.CxC, BxC; 10.P3TD, D4T +; 11.D2D, DxD +; 12.RxD?, T1D etc.

Conclusão: As brancas devem sustentar seu centro de peões, ao passo que as negras devem lutar por maior mobilidade. A Variante (b) favorece as brancas, enquanto as outras linhas são favoráveis às negras.

CONTRAGAMBITO BLUMENFELD

Como temos visto, os contragambitos, sendo um esforço para arrancar a iniciativa das mãos das brancas, têm poucas possibilidades de sucesso. Isto se aplica igualmente ao Contragambito Blumenfeld.

BRANCAS	NEGRAS	BRANCAS	NEGRAS
1.P4D	C3BR	3.C3BR	P4B
2.P4BD	P3R	4.P5D	P4CD?!

Arriscado e desnecessário, pois o simples 4....PxP transpõem para o Contragambito Benoni que veremos logo adiante. As negras esperam entrar na continuação seguinte: 5.PDxP, PBxP; 6.PxP, P4D que lhes deixa com um forte centro e linhas abertas para suas peças a troco de um insignificante peão lateral.

5.B5C!	PRxP

Outra linha, também resvantajosa é 5....D4T+; 6.D2D, DxD +; 7.CDxD, PRxP; 8.BxC, PxB; 9.PxPD, B2CD; 10.P4R, P3TD; 11.C4T com considerável vantagem posicional para as brancas.

6.PDxP	P3TR	9.P4R	P3T
7.BxC	DxB	10.P4TD	P5C
8.D2B	P3D	11.P3T!	....

Com este lance, as brancas anulam o bispo-dama das negras. Após 11....B2R; 12.CD2D, 0-0; 13.B2R, C2D; 14. C4B as brancas têm muito mais liberdade de ação. O par de bispos das negras representa apenas uma pequena compensação.

DEFESA BUDAPESTE

Também um contragambito, porém apresentando bases mais sólidas que outras defesas desse tipo. Se as brancas se prendem ao ganho de material, geralmente acabam se complicando. Mas se, ao contrario, procuram desenvolver sistematicamente suas peças, normalmente obtêm bom jogo. Devem as brancas evitar um avanço demasiadamente rápido, pois as negras poderiam contra-atacar com sucesso.

(a) Variante 4.B4B

BRANCAS	NEGRAS		BRANCAS	NEGRAS
1.P4D	C3BR		2.P4BD	P4R

O contragambito.

3.PxP ....

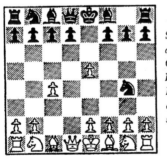

130

(Posição após 3.PxP)
Se as negras experimentam 3....C5R, as brancas continuam desenvolvendo: 4.C3BR, C3BD; 5.CD2D, C4B; 6.P3CR, P3D; 7.PxP, DxP; 8.B2C, B4B; 9. P3TD, P4TD; 10.0-0, 0-0-0; 11.P4CD! devolvendo o peão por um ataque decisivo.

3.... C5C

E agora 4.P4B? deve ser mau; 4....B4B; 5.C3T, P3BR com jogo devastador para as negras.

4.B4B C3BD 5.C3BR B5C +

163

131

(Posição após 5....B5C +)
Se agora 6.C3B, D2R; 7.D5D, BxC +; 8.PxB, P3B! e o peão extra das brancas tem pouco valor, por estar dobrado e isolado.

6.CD2D   D2R   7.P3TD   CRxPR

Se agora 8.PxB???, C6D mate.

8.CxC   CxC   10.DxB   P3D
9.P3R   BxC +   11.B2R   C3C

Após 12.B3C, 0-0; 13.0-0, as brancas ficam com o par de bispos e um pouco mais de liberdade para as suas peças, evidenciando partida superior.

(b)   Variante 4.P4R

BRANCAS	NEGRAS	BRANCAS	NEGRAS
1.P4D	C3BR	3.PxP	C5C
2.P4BD	P4R	4.P4R	....

Aqui, o objetivo das brancas é um rápido desenvolvimento. Mas devem cuidar-se para não se expandirem demasiadamente.

4....   CxPR   5.P4B   C3C

Aparentemente melhor do que 5....CR3B, que deixa as brancas com partida mais livre após 6.P3TD, P4TD; 7. B3R, C3T; 8.C3BR, B4B; 9.D2D, P3D; 10.C3B, 0-0; 11. B3D, BxB; 12.DxB, C4B; 13.0-0-0.

132

(Posição após 5....C3C)

As negras procuram demonstrar que os seguidos lances de peão das brancas devem ter enfraquecido a sua posição.

6.B3R ....

Se 6.C3BR, B5C +; 7.C3B, D3B!; 8.P5R, D3C; 9.D3D, P3D; 10.P3TD, BxC +; 11.DxB, PxP; 12.CxP, CxC; 13. DxC +, D3R com posição equilibrada.

| 6.... | B5C + | 8.PxB | D2R |
| 7.C3B | BxC + | 9.B3D | P4BR |

É difícil para as brancas protegerem seu centro.

| 10.D2B | PxP | 12.BxC | P4D! |
| 11.BxP | CxP! | 13.PxP | B4B |

Após 14.0-0-0, BxB; 15.D3C, C2D a posição das negras parece exposta, mas elas dispõem do tempo necessário para efetuar o roque e consolidar a defesa.

CONTRAGAMBITO BENONI

Após 1.P4D, P4BD as brancas podem replicar 2.PxP, mas neste caso as negras recuperam o peão confortavelmente com 2....P3R. Usualmente, porém, as brancas jogam 2.P5D, que leva a um jogo complexo em que as brancas têm comandamento superior do tabuleiro.

    1.P4D   P4BD

Uma alternativa é 1....C3BR; 2.P4BD, P4B; 3.P5D com esta continuação: 3....P3R; 4.C3BD, PxP; 5.PxP, P3D; 6.C3B, P3CR; 7.P3CR, B2C; 8.B2C, 0-0; 9.0-0, P3TD (na esperança de conseguir maior espaço na ala da dama mediante ..P4CD); 10.P4TD!, CD2D; 11.C2D, TR1R; 12.P5T! com pressão considerável.

    2.P5D   ....

133

(Posiçã após 2.P5D)
Uma posiçuo com possibilidades de manobra para ambos os lados. Como regra, as brancas têm melhores perspectivas porque a posição das negras pode se tornar restringida.

    2....   P4R   3.P4R   P3D

    4.B3D   C2R

As negras podem também experimentar 4....P3TD, mas então 5.P4TD! impediria ....P4CD.

    5.C2R   P3CR

Aqui 5....P4B abre o jogo com vantagem para as brancas: 6.P4BR!, PBxP; 7.BxP, C2D; 8.0-0, C3BR; 9.CD3B! e as brancas estão melhor, devido ao rápido desenvolvimento e mais liberdade.

Por outro lado, 5....P3TD; 6.P4TD!, C3C; 7.C3T!, B2R; 8.C4BD!, 0-0; 9.0-0, C2D; 10.B2D, P3C; 11.P3BD, T1C; 12.P4CD! deixa as brancas com forte iniciativa na ala da dama.

| 6.P4BD | B2C | 8.0-0 | P4B |
| 7.CD3B | 0-0 | 9.P4B! | CD2D |

Jogando agora 10.C3C!, as brancas ficam com forte iniciativa; por exemplo 10....PRxP; 11.BxP, C4R; 12.PxP, CxB; 13.DxC, CxPB; 14.CR4R! e as brancas estabelecem pressão permanente sobre o fraco peão-dama. As brancas dispõem de duas decisivas ameaças em C5CD e P4CR, deixando as negras sem boas continuações.

DEFESA HOLANDESA

Como no Gambito da Dama Recusado e na Defesa Índia da Dama, as negras combatem pelo controle da casa 5R. Nesta defesa elas desenvolvem a luta jogando cedo ....P4BR. Poderão continuar com ....P4D ou ....P3D com vistas à formação de um contracentro com ....P4R.

A teoria considera como o melhor para as brancas o fianqueto do bispo-rei, para bater as importantes casas centrais. O desenvolvimento do cavalo-rei das brancas estabelece um interessante problema — levá-lo via 3BR para controlar a casa 5R ou via 3TR, seguido de 4BR para atingir a casa 5D? Ambas as soluções apresentam aspectos favoráveis.

(a) Variante P3CR

BRANCAS	NEGRAS	BRANCAS	NEGRAS
1.P4D	P4BR	2.P3CR	C3BR
3.B2C	P3R		

134

(Posição após 3....C3BR)
As brancas devem escolher entre desenvolver seu cavalo rei via 3B ou 3T.

4.C3BR   ....

Consideramos esta a linha principal, embora 4.C3TR seja uma excelente alternativa: 4....P4D (as negras pretendem estabelecer uma Stonewall); 5.0-0, B3D; 6.P4BD, P3BD. Então, após 7.C3B, CD2D; 8.D3D, C5R; 9.P3B!, CxC; 10.PxC, as brancas estão prontas para esmagar o centro com P4R.

Outra alternativa é 4.C3TR, B2R; 5.0-0, 0-0; 6.P4BD, P3D; 7.C3B, D1R; 8.P4R, PxP; 9.C4B!, P3B; 10.C3BxP, com belo jogo para as brancas.

4....	B2R	5.0-0	0-0
6.P4B	P3D		

Se as negras adotam a formação Stonewall com 6....P4D, as brancas podem conseguir nítida vantagem em diversas variantes. Por exemplo 7.P3C, P3B; 8.B3TD!. Trocando o bispo das casas pretas, as brancas deixam o adversário com o bispo mau.

Outro caminho após 6....P4D é 7.P3C, P3B; 8.C3B, D1R; 9.D2B, D4T; 10.C5R, CD2D; 11.C3D!, P4CR; 12.P3B! com vistas a P4R! com forte iniciativa no centro.

7.C3B   D1R   8.T1R   ....

Uma boa alternativa para as brancas é 8.D2B, D4T; 9.B5C, P4R; 10.PxP, PxP; 11.BxC!, PxB; 12.C5D, B1D; 13.TD1D, P3B; 14.C3B, B3R; 15.C4TR! e as brancas estão melhor.

                 8....   D4T

Mesmo após 8....D3C as brancas podem jogar 9.P4R!, pois após 9....PxP; 10.CxP, CxC; 11.TxC, DxT?; 12.C4T, a dama das negras está perdida.

9.P4R   PxP   10.CxP   CxC

              11.TxC   ....

As brancas, com seu desenvolvimento superior, atuam permanentemente sobre o dispositivo contrário.

(b)   Gambito Staunton

BRANCAS	NEGRAS	BRANCAS	NEGRAS
1.P4D	P4BR	2.P4R	....

Um gambito de ataque que pode dar muita dor de cabeça às negras, se não jogarem com muito cuidado.

2....   PxP   3.C3BD   C3BR

135

(Posição após 3....C3BR)

Após 4.B5CR as negras devem evitar a armadilha 4....P4D? pois com 5.BxC, PRxB; 6.D5T +, P3C; 7.DxPD, as brancas ganham um peão.

4.B5CR C3BD!

As negras equilibram. Por exemplo 5.P3B, P4R!; 6.P5D, C5D; 7.PxP, B2R; 8.B4BD, P3D!; 9.CR2R, C5C!. Ou 5.P5D, C4R; 6.D4D, C2B; 7.BxC, PRxB; 8.CxP, P4BR; 9.C3C, P3CR!; 10.P4TR, B3T!

Estas variantes mostram como as negras conseguem excelente partida desenvolvendo-se consistentemente e buscando contrajogo.

MISCELÂNEA DE ABERTURAS CERRADAS

Daqui até o fim deste livro, consideraremos as aberturas cerradas não caracterizadas pelo lance inicial 1.P4D. Desta forma, procuraremos completar o nosso estudo sobre as mais importantes aberturàs cerradas.

Em um único caso (Sistema Catalão), trataremos de 1.P4D, pois nos demais casos o duplo avanço do peão-dama ou é retardado ou evitado pelas brancas.

Para muitos jogadores, isto constituirá um novo estado de coisas e, até certo ponto, algo de desagradável. Partidas que fogem a formulas e regras e o futuro mergulhado em mistério... Todavia, tais aberturas têm seu lugar no xadrez e em função disso será sempre útil estarmos familiarizados com suas linhas gerais.

Finalmente ainda um ponto a ser considerado: podemos evitar tais aberturas quando jogarmos com as peças brancas, porém muitas vezes nos encontramos do lado das negras. Se estivermos familiarizados com as idéias fundamentais e a força das diversas formações, será fácil encontrar solução para os novos problemas que tais aberturas possam apresentar.

ABERTURA RETI
e Sistemas Relacionados

A Abertura Reti, iniciando-se com 1.C3BR, apresenta grande flexibilidade e possibilidades de transposição para muitos outros tipos de abertura. Estabelece, como regra, o imediato fianqueto do bispo-rei e a seguir o fianqueto do segundo bispo. A estratégia das brancas é o controle do centro a distância. As negras geralmente devem investir diretamente o centro para conseguirem igualdade.

(a) Sistema Londrino

1.C3BR   P4D

As negras podem retardar uma decisão imediata por meio do flexível 1....C3BR, que permite a transposição para inúmeras outras aberturas.

2.P4B   P3BD

Agora as brancas podem transpor (se o desejarem) para a Defesa Eslava (pág. 119).

3.P3CD   C3B   4.P3C   B4B!

Bom desenvolvimento para este bispo, que agora bate fortemente o centro.

5.B2CR   CD2D   6.B2C   P3R

7.0-0   ....

172

136

(Posição após 7.0-0)

As negras estão bem encaminhadas e não devem temer a luta pelo centro, que se irá travar.

7.... P3TR

Assegurando a retirada do seu bispo-dama. Podiam igualmente continuar desenvolvendo diretamente. Por exemplo: 7....B3D; 8.P4D, 0-0; 9.C3B, D2R; 10.P3TD, P4TD; 11. C4TR, B5CR; com excelente posição para as negras.

8.P3D   B2R   9.CD2D   0-0

Com seu cavalo em condições de se instalar em 4BD, as negras não devem temer P4R, por exemplo: 10.D2B, B2T; 11.P4R, PxPR; 12.PxP, C4B com bom jogo para as negras.

10.T1B   P4TD   12.T2B   B3D
11.P3TD   T1R   13.D1T   D2R

Observe-se como as brancas atuam sobre o centro partindo dos flancos. A partida das negras é perfeitamente jogável.

(b) Variante 2....P5D

BRANCAS   NEGRAS   BRANCAS   NEGRAS
1.C3BR   P4D   2.P4B   P5D

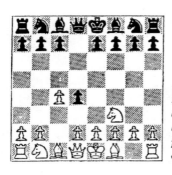

137

(Posição após 2....P5D)
De acordo com a teoria *"hipermoderna"*, as negras comprometem sua posição avançando o PD. Na prática atual, o peão exerce ação tolhedora sobre o jogo das brancas.

| 3.P3R + | C3BD! | 5.CxC | DxC |
| 4.PxP | CxP | 6.C3B | B5C! |

As negras estão com a iniciativa.

| 7.D4T + | B2D! | 9.B2R | B3B |
| 8.D3C | D4R +! | 10.0-0 | 0-0-0 |

As negras têm a iniciativa e uma pressão duradoura sobre o peão-dama atrasado das brancas.

(c) Defesa Índia do Rei Invertida (*)

| BRANCAS | NEGRAS | BRANCAS | NEGRAS |
| 1.C3BR | C3BR | 2.P3CR | P3CR |

As brancas jogam a Defesa Índia do Rei com um lance a mais. Se um lugar do lance do texto as negras efetuam 2.... P4D, uma continuação seria 3.B2C, P3R; 4.0-0, B2R; 5. P3D, 0-0; 6.CD2D, P4B; 7.P4R com excelente partida para as brancas.

| 3.B2C | B2C | 4.0-0 | 0-0 |
| | | 5.P3D | .... |

(*) Ataque Índio do Rei. — N. do T.

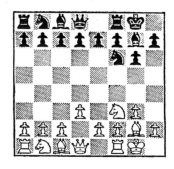

138

(Posição após 5.P3D)

As negras ainda podem escolher entre um eventual ....P3D ou P4D.

5....   P4D

Também após 5....P4B; 6.P4R, C3B; 7.CD2D, P3D; 8.P4TD seguido de C4B as brancas têm excelente partida.

6.CD2D	P4B	8.T1R	P4R
7.P4R	C3B	9.PxP	CxP

E as brancas continuam com 10.C4B, com bom jogo.

SISTEMA CATALÃO

Nesta abertura as brancas efetuam o fianqueto do bispo-rei (como na Abertura Reti) e P4D (como no Gambito da Dama). São comuns as sutilezas posicionais que podem comprometer a partida das negras, se elas jogam com menos cuidado.

BRANCAS	NEGRAS	BRANCAS	NEGRAS
1.P4D	C3BR	3.C3BR	P4D
2.P4BD	P3R	4.P3CR	....

139

(Posição após 4.P3CR)

Esta posição pode ser resultante de muitas outras linhas de jogo — Por exemplo 1.C3BR, P4D; 2.P4B, P3R; 3.P3CR, C3BR; 4.P4D etc.

4.... PxP

Mais interessante — e mais complicada — é a alternativa 4....B2R, 5.B2C, 0-0; 6.0-0, P4B; 7.PBxP, CxP! (não 7....PRxP entrando numa linha inferior da Defesa Tarrash — pág. 25); 8.P4R, C3C; 9.C3B, PxP; 10.CxP, C3B; 11.CxC, PxC; 12.D2R, P4R.

Nesta posição as brancas indubitavelmente têm possibilidades de pressionar o peão-bispo-dama enfraquecido das negras. Por outro lado, o excelente desenvolvimento das negras proporciona-lhes amplos recursos.

5.D4T + B2D!

Mais simples do que 5....CD2D; 6.DxPB, P3TD; 7.B2C, P4CD; 8.D6B, TD1C; 9.0-0, B2C; 10.D2B, P4B; 11.P4TD, D3C com posição difícil que deixa possibilidades de luta para ambos os lados.

6.DxPB B3B 7.B2C B4D

As negras se opuseram ao fianqueto sem enfraquecer sua posição. Após 8.D2B, C3B; 9.D1D, B5C + — ou 8.D3D, P4B; 9.C3B, B3B; 10.0-0, CD2D; 11.T1D, D3C a posição está equilibrada.

ABERTURA INGLESA

Após 1.P4BD, as negras podem replicar tanto 1....C3BR como 1....P3R, transpondo para outras aberturas. De um modo geral, apenas a resposta 1....P4R institui um aspecto característico próprio a esta abertura. O lance 1.P4BD tem em vista o Controle de casa 5D. O caminho lógico para firmar este controle é o desenvolvimento do bispo-rei em fianqueto, que se torna assim normal neste tipo de abertura. As negras devem lutar energicamente pelo controle do centro, como recurso para manter a igualdade.

(a) Variante do Fianqueto do Bispo-Rei com P4D

BRANCAS	NEGRAS	BRANCAS	NEGR
1.P4BD	P4R	3.P3CR	P4D
2.C3BD	C3BR	4.PxP	CxP
	5.B2C	....	

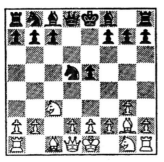

140

(Posição após 5.B2C)

Observe-se como o bispo em fianqueto das brancas controla poderosamente a grande diagonal, particularmente a casa vital 5D. As negras devem decidir sobre o seu cavalo que se encontra atacado.

As negras podem manter centralizado seu cavalo com 5....B3R, mas depois de 6.C3B, C3BD; 7.0-0, B2R as forças brancas realizam o dinâmico 8.P4D!. Então, após 8....PxP; 9.CxP, C4DxC; 10.PxC, CxC; 11.PxC, P3BD; 12.T1C! e as brancas ainda mantêm a pressão sobre o dispositivo contrário.

| 5.... | C3C | 7.C3T! | 0-0 |
| 6.P3D | B2R | 8.0-0 | C3B |

O lance 7.C3T constitui uma notável exceção à **regra** que condena o desenvolvimento do cavalo pela borda do tabuleiro. Em 3TR este cavalo permitirá que o bispo **exerça** completa ação sobre a grande diagonal e também realizar mais cedo o lance libertador P4B! (ambas as manobras seriam impossíveis após o ortodoxo C3BR).

| 9.P4B! | T1C | 10.PxP | CxP |

11.C4B! ....

A posição das brancas é indiscutivelmente superior. Seu bispo em fianqueto e ambos os cavalos controlam a casa central crítica 5D; possuem uma coluna aberta (BR) e seu centro de peões tem grande poder potencial para um eventual avanço.

(b) Variante Fianqueto do Bispo-Rei com P3D

BRANCAS	NEGRAS	BRANCAS	NEGRAS
1.P4BD	P4R	3.P3CR	P3CR
2.C3BD	C3BD	4.B2C	B2C

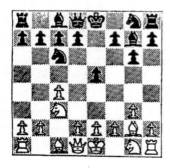

141

(Posição após 4....B2C)

É excelente a posição das brancas: controlam a importante casa 5D, podem controlar 4D com P3R e utilizar lances de peão para construir um forte centro.

5.P3R!	P3D	8.CxP	CxC
6.CR2R	CR2R	9.PxC	0-0
7.P4D	PxP	10.0-0	C4B

Após 11.P5D, T1R; 12.C4R!, P3TR; 13.D3D! as brancas estão com partida muito superior, podem ainda aumentar sua vantagem posicional com T1C e B2D, seguido de B3BD!.

(c) Variante dos Quatro Cavalos

1.P4BD	P4R	3.C3B	C3B
2.C3BD	C3BR	4.P4D	....

142

(Posição após 4.P4D)
As brancas abrem imediatamente a posição, certas de poderem aumentar a iniciativa. Por exemplo 4.....P5R; 5.C2D; CxP; 6.C2DxP, C3R; 7.P3CR com posição prometedora para as brancas.

4....	PxP	7.B4T	BxC +
5.CxP	B5C	8.PxB	C4R
6.B5C	P3TR	9.P4B!	....

Muito mais vigoroso que o rotineiro 9.P3R, C3C; 10.B3C, C5R com boa partida para as negras

9.... C3C

Não 9....CxPB?; 10.P4R!, C6R; 11.D2R, CxB; 12.P5R!, 0-0; 13.C5B! com jogo ganho.

10.BxC	DxB	12.P4R	P3D
11.P3C!	0-0	13.B2C	P3B

179

Após 14.0-0, T1R; 15.T1C as brancas obtêm mobilidade bem mais acentuada, enquanto as negras ficam com vagas possibilidades de ameaçar o peão-bispo-dama fraco das brancas.

ABERTURA BIRD

Uma abertura rara, pois 1.P4BR não contribui absolutamente para o desenvolvimento das brancas. A idéia de controlar a casa 5R muitas vezes leva a uma Defesa Holandesa com cores invertidas. As brancas em muitas variantes obtêm excelente jogo.

    1.P4BR   C3BR

O Gambito From (1....P4R) não é perfeitamente satisfatório. Por exemplo 2.PxP, P3D; 3.PxP, BxP; 4.C3BR, P4CR; 5.P4D, P5C; 6.C5C!, P4BR; 7.P4R!, P3TR; 8.P5R, B2R; 9.C3TR, PxC; 10.D5T +, R1B; 11.B4BD, D1R; 12.DxPTR com ataque decisivo pela peça.

    2.P3R   P3CR   3.C3BR   ....

Nem o imediato fianqueto do bispo-dama é também promissor. Por exemplo 3.P3CD, B2C; 4.B2C, P3D!; 5.D1B, 0-0; 6.C3BR, C3B; 7.B2R, B5C; 8.0-0, P4R! e as negras têm melhor jogo.

143

(Posição após 3....P4D)

As brancas agora podem enveredar por uma Stonewall, mas após 4.P4D, B2C; 5.B3D, 0-0; 6.CD2D, P4B; 7.P3B, P3C; 8.D2R, B2C as negras têm belo jogo.

4.B2R	B2C	7.D1R	0-0
5.0-0	P4B	8.D4T	D2B
6.P3D	C3B	9.CD2D	P4R

As negras têm excelente partida nesta posição (uma Defesa Holandesa com cores invertidas).

Biblioteca PSICOLOGIA E PSIQIATRIA

Volumes publicados

1. *O Segredo da Paz Familiar* — H. F. Tashman
2. *Usos e Abusos da Psicologia* — H. J. Eysenck
3. *Relações Humanas* — Thomason/Clement
4. *Ajuda-te Pela Psiquiatria* — Frank S. Caprio
5. *Nos Subterrâneos da Mente* — Fritz Redlich
6. *Descobre-te a Ti Mesmo* — Stephen Lackner
7. *Seja Invulnerável* — Laura A. Huxley
8. *Renovar para Vencer* — John W. Gardner
9. *A Conquista da Mente* — William Sargant
10. *As Drogas e a Mente* — Robert De Ropp
11. *Fato e Ficção na Psicologia* — H. J. Eysenck
12. *A Marca da Violência* — F. Wertham
13. *Condicionamento Pessoal* — Hornell Hart
14. *Sonhos e Pesadelos* — J. A. Hadfield
15. *As Três Faces de Eva* — C. H. Thigpen
16. *Lavagem Cerebral (O Rapto do Espírito)* — J. A. Merloo
17. *A Face Final de Eva* — J. Poling
18. *O Século de Freud* — Benjamin Nelson
19. *Ajude seu Marido a Vencer* — Kenneth Hutchin
20. *A Criança Problema* — Joseph Roucek
21. *A Criança Excepcional* — Joseph Roucek
22. *Psicoterapia de Grupo* — Vários
23. *História da Psiquiatria* — Sheldon Selesnick
24. *A Necessidade de Amor* — Theodor Reik
25. *Qual o Problema de seu Filho?* — Francis L. Ilg e L. B. Ames
26. *A Juventude Descobre o Amor* — E. M. Duvall
27. *A Saúde Mental da Criança* — Michael M. Miller
28. *A Nova Juventude* — W. Menninger
29. *Eros e Tanatos – O Homem contra si Próprio* — W. Menninger
30. *Amor Contra o Ódio* — K. Menninger
31. *A Mente Humana* — K. Menninger
32. *Ajuda-te pela Nova Auto-Hipnose* — Paul Adams
33. *Saúde Menta na Empresa Moderna* — Harry Levinson
34. *Ajuda-te pela Psicologia Aplicada* — R. H. Anderson
35. *Psicologia da Criança* — Kingston/Bernard
36. *Como a Criança Pensa* — Ruth M. Beard
37. *Análise Cientffica da Personalidade* — Raymond Cattell
38. *Comunicação e Dinâmica de Grupo* — Michael Argyle
39. *Guia Prático para Entender Piaget* — E. Hitchfield

40.	*Como Alterar o Comportamento Humano*	H. R. Beech
41.	*Senso e Contra-Sendo na Psicologia*	H. J. Eysenck
42.	*ABC da Psiquiatria*	W. Menninger
43.	*Sexo, Pornografia e Personalidade*	H. J. Eysenck
44.	*Piaget: Teoria e Prática*	P. G. Richmond
45.	*A Arte de Criar Filhos sem Fazer Força*	Marvin J. Gersh
46.	*Problemas Entre Pais e Filhos (Como Resolvê-los)*	W. Menninger
47.	*Ajuda-te pela Auto-Análise*	Laura A. Huxley
48.	*Seu Filho de 0 a 12 Anos*	Helena Savastano e Outros
49.	*Os Valores e os Fatos*	A. P. Rodolphi Agatti
50.	*Nosso Mundo Mental*	Isaac Mielnik
51.	*O Comportamento Infantil*	Isaac Mielnik
52.	*Psicologia Aplicada à Educação e Orientação Infantil*	Frances L. Ilg e Louise B. Ames
53.	*Piaget na Prática Escolar*	Hans G. Furth e Harry Wachs
54.	*Os Pais não são Culpados pelas Neuroses dos Filhos*	Edmund Bergler
55.	*Novos Horizontes da Psicologia*	P. C. Dodwell
56.	*Ajuda-te pela Autopsicoterapia*	Martin Shepard
57.	*Conviviologia*	Ilie Gilbert
58.	*Excitação Sexual*	Robert J. Stoller
59.	*O Caminho para a Libertação Feminina*	Albert Ellis
60.	*A Nova Mulher*	L. Z. Bloom, K. Coburn e Joan Pearlman
61.	*Ajuta-de pela Auto-Hipnose*	Freda Morris
62.	*Use a Cabeça*	Aaron Levenstein
63.	*A Cura pela Liberdade*	W. D. Wills
64.	*Um Novo Eu*	Muriel James
65.	*Ajuda-te pela Análise Transacional*	Robert L. Goulding
66.	*Os Adolescentes*	Isaac Mielnik
67.	*A Personalidade*	Jacques Chazaud
68.	*A Vida Antes do Nascimento*	Wilson A Ribeiro

Impressao e acabamento:

infinitygrafica.com.br/